アルス双書

アートプロジェクトの変貌

理論・実践・社会の交差点

吉田隆之 編

水曜社

はじめに

　2000年代以降現在に至るまで、国内では現代アートを内容とするアートプロジェクト・芸術祭が流行した時代といえよう。2010年以降、特に1億円以上かけた大型芸術祭が10を超える（表0-1）。本書でアートプロジェクトとは、①美術館や劇場のような専用施設以外を主な会場とし、②場所の特性を活かしたサイトスペシフィックな作品や参加・協働型の作品などを展開する現代アートを中心とした芸術活動をさす[1]。一方、芸術祭は、本来音楽祭、演劇祭など様々なジャンルがあってよいはずであるが、芸術祭をもって、現代アートを内容とする芸術祭をさす用語法も一般化しつつある。国内外で、芸術祭はハイアートに重きを置き、かつその時代の旬のアーティストを紹介する目的で主に開催されてきた。ここでハイアートとは、必ずしも絵画・彫刻など伝統的な視覚芸術に限らないものの、美術史や理論の文脈を重視し、かつ制度や権威による承認を伴うことが多いが、必須とはしない。よって、一般的に芸術祭は、上記の意味でのアートプロジェクトにはあたらないことが多い。しかし、特に国内の過疎地型芸術祭がアートプロジェクト的性格を有することが多々見られる。また、本書で取り上げる「ドクメンタ15」は、ヨーロッパ中心の美術史や制度・権威による承認に対抗しようとし、明らかにハイアートではなく、むしろ社会実践的性格を有していた。そうした点で、日本固有のアートプロジェクトの概念に近似するところがあったように思う。

　さて、2020年になると、世界中がパンデミックに襲われた。2023年から徐々に落ち着きを取り戻し、アートプロジェクト・芸術祭のみならずあらゆる芸術文化活動が復活し、新たなアート活動や動向もみられるようになってきた。パンデミック以前から「Black Lives Matter」や「MeToo運動」など、不平等・不正義を真正面から捉えていこうと公正と正義（Equity & Justice）を問う声があがり、そのムーブメントは着実に広がろうとしている。一方で、移民を排斥する右翼の台頭、ウクライナ戦争、イスラエルのガザ

はじめに　3

戦争など世界の分断や対立は、深刻さを増している。

　かくして世界のあり方自体が問われる中、アートのあり方も例外ではない。こうした国際社会の課題解決に、アートが貢献しているのかという問いかけもなされてきた。アートプロジェクト・芸術祭のあり方は、パンデミック前後で不変ではいられないだろう。2020年代、パンデミック後という2つの節目をとらえ、今後のアートの行方を展望することが、本書の目的である。

　なぜ本書を編纂したのか、3つの理由をあげておきたい。それが本書の特色ともなっている。

　1つには、2023年7月に大阪公立大学で開催したシンポジウムで、「パンデミック後のビエンナーレ・トリエンナーレの行方」をテーマに、社会実践とハイアートの葛藤に関する議論ができたことだ。2022年度は、ドイツで「ドクメンタ15」が、国内では国際芸術祭「あいち2022」が開催された。「ドクメンタ15」では、アジアのアートコレクティブ「ルアンルパ」が芸術監

表0-1　2015〜2024年度（直近10年間）に開催された現代アートを内容とする国内の主な大型芸術祭

	開催地	名称	開催期間
過疎地型	新潟県十日町市等	大地の芸術祭	2000〜
	香川県・岡山県島嶼部	瀬戸内国際芸術祭	2010〜
	千葉県市原市	いちはらアート×ミックス	2014〜
	茨城県	茨城県北芸術祭	2016のみ
	長野県大町市	北アルプス国際芸術祭	2017〜
	石川県珠洲市	奥能登国際芸術祭	2017〜
	宮城県石巻市	リボーンアート・フェスティバル	2017〜
都市・地方拠点都市型	横浜市	横浜トリエンナーレ	2001〜
	神戸市	神戸ビエンナーレ	2007〜15
	愛知県	"あいちトリエンナーレ→国際芸術祭「あいち」"	2010〜
	新潟市	水と土の芸術祭	2009〜18
	札幌市	札幌国際芸術祭	2014〜
	京都市	PARASOPHIA: 京都国際現代芸術祭	2015のみ
	さいたま市	"さいたまトリエンナーレ→さいたま国際芸術祭"	2016〜
	岡山市	岡山芸術交流	2016〜

督を務め、グローバルサウスのアーティストを多く招聘するなど、欧米中心主義に対抗する社会実践が見られた。当該シンポジウムで浮かび上がったのは、「ドクメンタ15」で提示された欧米中心主義を乗り越える議論を継続していく必要性と同時に、国際芸術祭「あいち2022」でのハイアート的要素、なかでも理論的な美術史の文脈の重要性である。両者が共存する方法はあるのだろうか。当該論点が出版の契機となっている。そうしたことから、本書では、第1章を当該シンポジウムの文字起こしから始めている。

　2つには、こうした核心的問いに応えていくための領域横断的な議論の必要性である。なかでも、「ドクメンタ15」では、「反ユダヤ主義的だ」とある展示作品が撤去され、ドイツ国内で過度なバッシングが起きた。そこには、ヨーロッパが前提とするアートを覆そうとしたことに対して、アジア的な価値を周縁と割り当てるオリエンタリズム的発想が見え隠れしないだろうか。これらの問いを掘り下げるために、上記シンポジウムでは、国内最大規模の国際芸術祭「あいち 2022」のキュレーターを務めた中村史子、現場で活動しながらリサーチを行ってきた若手文化政策研究者藤原旅人、ポストコロニアル視点で東アジアのアートを切り取る気鋭の美術史学者山本浩貴を招いた。さらに、本書の編纂にあたっては、芸術祭やそこから派生したプロジェクトに関わる実務家にそれぞれ書下ろしを依頼した。水と土の芸術祭から派生した小須戸ARTプロジェクトの石田高浩と札幌国際芸術祭の漆崇博である。芸術祭に関して、これまで美術史、美術批評、文化政策、アートマネジメントなどの領域横断的な議論、研究者と実務家の交流はさほど多くなかった。今回の試み自体が挑戦に値すると自負する。

　3つには、アートプロジェクト・芸術祭の流行といっても、具体的な姿は様々である。それぞれの現場の目線でアートの今の姿をとらえ直すことから行方・未来を展望したいと考えた。

　国外では、理論と社会実践の葛藤を問題提起した「ドクメンタ15」を取り上げる。

　一方、国内では、第1に、日本を代表する都市型芸術祭として国際芸

術祭「あいち」を取り上げる（第1章2中村担当）。事業規模はもちろん、都市型でありながらまちなか展開を重視してきたこと、パフォーマンス、映像など多ジャンルに展開してきたこと、「あいちトリエンナーレ2019」での「表現の自由」を巡る騒動を乗り越えたことを含めて、日本を代表する芸術祭に育ったといってよいだろう。

　第2に、市民参加や芸術祭ボランティア、サポーターの存在が日本の大きな特徴といってよい。そうした観点から、国際芸術祭「あいち」はもちろん、さいたま国際芸術祭（第1章3藤原担当）、札幌国際芸術祭を紹介したい（第4章漆担当）。

　第3に、芸術祭を契機として生まれた小規模でかつ持続可能な地域に根差したプロジェクトに言及する。そこには、財源確保や持続可能性、いってみれば、今後のアートのあり方へのヒントが隠れていると考えるからだ。1つは、《森ラジオ ステーション×森遊会》で、いちはらアート×ミックス（千葉県市原市）を契機として、アーティスト木村崇人と地域住民らが対等の立場で、約10年間活動を継続する。地域住民らの団体名「森遊会」がプロジェクト名に加えられ、住民らがやりたいことを実現し、それを作家がリスペクトする状況がみられる（第2章吉田担当）。もう1つが、小須戸ARTプロジェクトで、水と土の芸術祭（新潟県新潟市）が中止されたにもかかわらず、マネジメントのノウハウを蓄積し、ネットワークを活用しつつ、10年以上自立的な活動を継続する（第3章石田担当）。

　研究者、実務家を交えた領域横断的な本書の性格上、多様な読者を想定している。文化政策研究者、美術・美術史学者、大学院生・学生、アートプロジェクト・芸術祭の運営に関わる実務者、地域コーディネーター、行政担当者（文化政策等）、美術館・ホール等の学芸員・職員、アーティストなどである。もちろん、この20年間で裾野を着実に広げたアートプロジェクト、芸術祭の来場経験者にも是非読んでいただきたい。

　さて、これまでに多くのアートプロジェクト・芸術祭に関連する研究の蓄積がある。編者もパンデミック前夜の2019年10月に2010年代の芸術祭の流行をふりかえる形で『芸術祭と地域づくり "祭り" の受容から自発・

協働による固有資源化へ』［初版］（水曜社）を刊行した。本書は、拙著の
パンデミック後の続編という位置づけでもある。これまでの研究の蓄積を
踏まえつつ、現場から切り取った目線や領域横断的性格を鑑み、本書の
タイトルを『アートプロジェクトの変貌──理論・実践・社会の交差点』と
した。異分野融合によるアートプロジェクト・芸術祭論という新たな研究
領域を開拓する一助となることを期待している。

編者　吉田隆之

注：
　編者は、『芸術祭と地域づくり "祭り" の受容から自発・協働による固有資源化へ』［改訂版］（吉
　田隆之，2021，17－20ページ）で、アートプロジェクトの定義・特徴について、本文に加えて③
　「人々の自発性にコミットしたり、場所の特性を活かしたり、地域社会課題解決につなげることを
　目的として行われることが多いが、芸術文化の創造自体を目的として行われることもある」との
　説明を付与している。

アートプロジェクトの変貌　目次

はじめに ……… 3

第1章 ビエンナーレ・トリエンナーレの行方
── 領域横断的な視点から ……………………………… 10

はじめに（吉田隆之）………………………………………… 11

1. 「ドクメンタ15」がアート・ワールドに提示した問いとは？（吉田隆之）‧ 12

2. 「参加」の広がり
　── 国際芸術祭「あいち2022」を振り返って（中村史子）………… 26

3. 芸術祭におけるボランティア／サポーターの成立と展開（藤原旅人）‧‧ 37

4. 各パネリストへの応答と論評（山本浩貴）…………………… 48

5. パネルディスカッション、質疑応答
　（中村史子・藤原旅人・吉田隆之・山本浩貴）………………… 59

第2章 いちはらアート×ミックス
──《森ラジオ ステーション×森遊会を事例に》……… 79
（吉田隆之）

第3章 水と土の芸術祭と小須戸ARTプロジェクト
── 芸術祭位終了後の市民によるアートプロジェクトをめぐって…… 105
（石田高浩）

第4章 札幌国際芸術祭2024
── 新しい芸術祭と市民との関わり（漆崇博）……………… 139

おわりに ……… 162

分担執筆者プロフィール ……… 166

索引 ……… 168

第1章

ビエンナーレ・トリエンナーレの行方
─領域横断的な視点から─

　本書は、シンポジウム「パンデミック後のビエンナーレ・トリエンナーレの行方」の音源収録から始めたい。このシンポジウムは、2023年7月に大阪公立大学で開催した。

　シンポジウムで浮かび上がったのは、前年2022年にドイツで開催された「ドクメンタ15」で提示された欧米中心主義に対抗する議論である。アジアのアートコレクティブ「ルアンルパ」が芸術監督を務め、グローバルサウスのアーティストを多く招聘し既存の欧米中心主義を乗り越えようとする社会実践が見られた。それに対して、特にドイツ国内では、反ユダヤ的表現の展示中止を巡る社会的・政治的対立により、その意義が省みられない状況が見られる。そこには、異質な他者を東洋として割り当てるオリエンタリズム的発想が垣間見えないか。ドイツで客観的な議論が困難になっているからこそ、日本で、アートの欧米中心主義を乗り越える議論を継続していくことの必要性を確認した。

　一方、同年、国内で開催された国際芸術祭「あいち2022」では、美術史の中での位置づけとローカルをうまく融合させていた。それを踏まえ、ハイアート的要素、なかでも理論的な美術史の文脈の重要性が指摘された。ハイアートと社会実践が共存する方法はあるのだろうか。当該論点が本書の出発点になっている。そうしたことから、本書では、第1章を当該シンポジウムの文字起こしから始めることとする。

はじめに

吉田隆之
大阪公立大学大学院都市経営研究科准教授（当時）

　私が、本日コーディネーターを務めさせていただきます。大阪公立大学都市経営研究科の吉田と申します。今日のシンポジウムを企画した趣旨から、簡単にお話しさせていただきます。主に2点です。

　1つ目は、2010年代は芸術祭が流行した時代だったと振り返れると思います。そうであれば、様々な課題を抱えている現場に対して、この10年間になされた批評も含めた学術的蓄積を体系化、議論、フィードバックすることが急務となっているということがあります。

　2つ目は、芸術祭に限らず、アート業界全体にいえることですが、研究者と実務家の交流や、美術史、美術批評、文化政策研究の領域横断的な議論は、これまで多くありませんでした。こうした領域横断的な議論を活発化させ、このシンポジウムをきっかけに、これまでの理論的蓄積を現場にフィードバックする、そんな契機となることを、このシンポジウムには期待しています。

　今日は、こうした領域横断的な研究を進めるにあたって、3人のパネリスト、ディスカッサントの方をお招きしました。順にご紹介したいと思います。

　1人目がパネリストの中村史子さんです。愛知県美術館主任学芸員で、美術批評にも積極的に取り組まれ、国際芸術祭「あいち2022」のキュレーターも務められました。

　2人目が、芸術祭の市民活動やボランティアについて、研究されてきた若手文化政策研究者の1人、藤原旅人さんです。

　3人目が、ディスカッサントで、金沢からお招きした、新進気鋭の美術史学者として注目されておられ、ご存知の方も多いのではないかと思います。山本浩貴さんです。今日は、私も含めてこの4人のメンバーでシンポジウムを進めていきます。

　今日の進め方なんですけども、まず、私の方から「ドクメンタ15」に関して、お話をして、3つの問いを示し、それを出発点にして、このシンポジウムを進行していきたいと思います。私の問いかけの後、中村史子さんに、

「国際芸術祭あいち2022」を振り返りながら、参加の広がりをテーマに
お話ししていただきます。その後、藤原旅人さんに、ボランティアと市民参
加をテーマに芸術祭について語っていただき、20分休憩の後、山本さん
に各パネリストへの応答をしていただき、その後、会場とディスカッション
という形で進めさせていただきたいと思います。

1.「ドクメンタ15」がアート・ワールドに提示した問いとは？

吉田隆之
大阪公立大学大学院都市経営研究科准教授（当時）

3つの論点

　では、若干大上段な話になるのですが、ウクライナ戦争、あるいは、移
民排斥、パンデミックなど分断と対立が深刻さを増す中、ヨーロッパの文
明・文化の限界ということも指摘され、今の世の中のあり方が改めて問
われ、アートのあり方も問われていると思います。このアートのあり方と
いうことに関していうと、アート自体が、やはり西洋が生んだ概念という
ことがあり、ややコンサーヴァティブなところもあると思うのです。そうした
「アートとは何か」という問いに、正面から答えたのが、「ドクメンタ15」
だったのではないかと、私は考えています。すなわち、「ルアンルパ」とい
うアートコレクティブがディレクターを務め、そうしたアートの問いに対して、
1つの答えを見つけ出そうとしたのではないかと。一方で、後で話します
が、反ユダヤ的な作品があるということで、大きな騒動に発展して、「ドク
メンタ15」自体の総括が十分になされていない状況にあると認識してい
ます。

　そうしたことで、今回「ドクメンタ15」について総括をし、そこから導き
出された論点を出発点にしてこのシンポジウムを作っていきたいと思って
います。

　私自身が示したい論点は3つです。1つ目は、「ルアンルパ」が示した
「アートとは何か」という問いです。より具体的には、グローバルサウスの
作家を多く招聘し、キュレーターによるトップダウンではなく、いわば集合
知を活用したともいえるアートマネジメントを示したことを、どのように受

け止めるかです。2つ目が、芸術祭と観客参加です。3つ目が、芸術祭で反ユダヤ主義的なアート作品が展示され、騒動に発展したわけですが、そうしたことに関する、芸術作品と表現の自由の問題についてどのように考えるのか、ということです。

　特に、論点1と3に関しては、異質な他者を東洋として割り当てる、オリエンタリズム的な発想が垣間見えたりするのではないか、という点についてもお話しできればと考えています。

ルル学校での実験

　「ルアンルパ」ですが、インドネシアでアートコレクティブとして2000年に発足しました。1965年から1998年、スハルト政権で圧制が行われていたわけですけども、崩壊後、社会の民主化が行われる中で、この「ルアンルパ」が発足したことになります。

　この「ルアンルパ」なのですが、日本にも縁があり、「あいちトリエンナーレ2016」で、参加作家として招聘されました。彼らはインドネシアでアートセンターをつくり、アーティストを育成したりしているのです。日本の愛知でも、長者町という繊維街のビルに《ルル学校》というアーティストを育てる学校をつくりました。実は、私もこの《ルル学校》に参加しまして、参加者は、私も含めて4組でした。長者町で歩道拡幅に取り組む公共空間プロジェクトのメンバーは、モバイル型のカート「カブワケ・モバイル1〜3号」を制作しました。1号にはコーヒーセットなどが載せられ、2号と3号には様々な植物が積まれ、町の人が育てた小さな緑を分け合う仕掛けです。ゲリラ的に公共空間を占拠し、まちづくりでできないことをアートの機動性・実験性で克服しようとしたのです。写真1-1-1の手前の作品です。私も生まれて初めてアート作品を作って、長者町の人にインタビューを行い、ビデオで映像を撮ったり、ポートレート撮影をしたりしました。写真1-1-1の奥の棚の上の作品ですが、その際、「ビデオでそのまま流すよりも映像を見せずに、音声だけで観客にイメージを膨らませた方が作品としていいのではないか」と、「ルアンルパ」のメンバーからアドバイスを受けたのを、今でも覚えています。「ルアンルパ」のメッセージが、「アートより

第1章　ビエンナーレ・トリエンナーレの行方　　13

写真 1-1-1　ルアンルパ《ルル学校》(2016)

友人」です。そのメッセージが展示スペースに大きく掲げられていました（写真 1-1-1）。こうした《ルル学校》の取り組みが、「ドクメンタ 15」につながったともいわれます。たとえば参加者に「企画書」にもとづき予算が分配されたのですが、その仕組みが、のちに「ドクメンタ 15」の共同財布ールンブン（Lumbung, 米倉）に反映されたことを、〈ルアンルパ〉プロジェクト・コーディネーターを務めた廣田緑さんが指摘しています[1]。

撤去された作品

　「ドクメンタ 15」の話をしていきましょう。2022 年 6 月 18 日が、オープニングでした。真ん中に大統領が参列していました。こういった元首級の方が開会式に出るということは、日本では考え難いのですが、ドイツ国内での、芸術祭の位置付けを象徴していると思います。会期は 9 月 25 日までで、予算が約 60 億円でした（写真 1-1-2）。

　写真 1-1-3 で、黒い服を着たサングラスをつけた方を、どなたかご存知でしょうか。「ルアンルパ」のメンバーの 1 人のオムレオです。あいちトリエンナーレで、私は本当に親しくしてもらったのですが、「ドクメンタ 15」で

写真1-1-2 「ドクメンタ15」オープニング(2022)

写真1-1-3 TARING PADI《People's Justice》(2022)

第1章 ビエンナーレ・トリエンナーレの行方 15

はクールなガイに変貌していまして、オープニング時にVIPをアテンドしているところです。その背後に見えるのが、後に撤去された「TARING PADI」の《People's Justice》です。この時は、私も数日後にこの作品が撤去されるとは思いもよりませんでした。この中に問題の作品があるのだと知らなかったので、この写真には写り込んでいません（写真1-1-3）。この作品の中に反ユダヤ的表現があったことから撤去され、その後、ドイツで大騒動になるという話は、また後でしたいと思います。

地域課題に取り組む

2つ目に紹介した芸術祭と観客参加の論点について簡単に触れておきたいと思います。どのような形で観客参加があったのでしょうか。オープニング式典が行われたのが、ドクメンタのメイン会場のフリデリチアヌム美術館です。実は1779年にできた美術館で、ヨーロッパで最も古い公立美術館の1つになります。いかにも権威たっぷりの佇まいで、そうした権威をアートや「ドクメンタ」も利用してきたことが垣間見えるわけです。一方で、今回はこういった権威的な風貌を打ち壊すかのように、「ルアンルパ」は、観客参加を打ち立てていきます。

その1つが、ドクメンタでは初めてと聞きましたけども、この美術館の入り口の正面左側にキッズルームを設けていました。また、ドイツ語、英語などのツアーガイドが各会場で設けられ、ガイドには、カッセル美術大学の学生がインターンで参加していました。また、海外の芸術祭では、ボランティアの方をあまり見かけることはなくて、「海外の芸術祭でボランティアはいないものなのか」、「いないならなぜなのか」、という点については、あとで藤原さんなどにフォローしていただければと思います。

美術館の裏手は、「ルアンルパ」のメンバーの賄いのスペースになっていまして、いろんな人が自由に出入りできるようになっていて、晩はカラオケ大会などが開かれるのです（写真1-1-4）。観客参加に関しては、この程度の紹介にとどめますが、藤原さん、中村さんに、このあたりの論点はつないでいただければと思います。

ここからは、論点の1つ目の話をします。「アートとは何か」ということ

写真1-1-4　フリデリチアヌム美術館裏の賄いスペース（2022）

で、少し大雑把な括りなんですけども、ヨーロッパ型芸術祭を、ハイアート中心で、ディレクター、キュレーターによるトップダウンだということもできるかと思います。これに対して「ルアンルパ」が多く紹介したのが、欧米以外の世界各地、特にグローバルサウスで社会、地域課題の解決に取り組むアートコレクティブでした。キーワードとして、「ルンブン（Lumbung）」という言葉が掲げられていました。これは「共同の米倉」とも訳され、インドネシアでよく見られるものだそうです。そうしたことをモチーフにして、お金とアイデアを共有するということが実践されていました。こうした大きな芸術祭だと、スター作家に多くの予算があてがわれることが多いわけですけども、そうしたことを一切せずに、平等にお金を分配しました。こうした分配の仕組みが、あいちトリエンナーレ2016の《ルル学校》の取り組みから反映されたことは、先にお話ししたところです。また、キュレーターによるトップダウンではなく、アイデアとか、構想を練るのも300人程度が参加して、オンラインで5時間討議するのを、何度もしたりしたということもお聞きしました。それは、アジア的な発想の集合知により、社会正義の実現をしようとしたのではないか、と私は考えています。

第1章　ビエンナーレ・トリエンナーレの行方　　17

トタンで覆われた会場

　さて、具体的な作品をこれから紹介していきます。論点1「アートとはなにか」をともに考えていきたいと思います。「ドクメンタ15」では、30カ所以上も大型の展示会場があるのですが、時間の制約から主な3会場とそれに関連する作品を中心に、これから紹介していきたいと思います。

　1つ目の会場が、「ドクメンタ・ハレ」です。1992年「ドクメンタ9」の時に作られた、公共施設です。それがトタンで覆われていました（写真1-1-5）。「なんでトタンで覆われているのだろう」と思い、中をくぐると、ウガンダの「ワカリガ・ウガンダ」という、映画スタジオの作品が展示されています。首都カンパラのスラム街、ワカリガを拠点に活躍する映画スタジオだそうです。ウガンダ国内のティーンエージャーを役者、監督、マネージャー、スタッフとして育成、活用し、そうした全国のティーンエージャーが薬物とか犯罪に手を出すのを防ぐなどの目的も果たしているということでした。

　ここでは、このアートコレクティブが「ドクメンタ15」で、新たに制作した映画を紹介します。30分ぐらいの映画なのですが、行列ができるぐらいの人気でした。《フットボール・コマンド》という映画です。ドイツで暮ら

写真1-1-5　ドクメンタ・ハレ（2022）

すドイツ人の夫とウガンダの妻の夫婦の物語なのですが、ウガンダに里帰りするところから話が始まります。彼女はすごくキュートな女性ですが、里帰りするやいなや子どもが誘拐されるという事件に遭遇します。彼女が悪党と戦っていくのですが、小柄な風貌から想像できないカンフー張りの演技で、軽快に悪党をやっつけていくのです。ついにはヘリコプターまで登場して、爆弾が投下されて相手をやっつけてしまいます。どんなオチかというと、最後に、ふらふらっと誘拐されていたはずの彼女の子どもが笑いながら現れるのです。この誘拐事件そのものがウガンダのふるさとの人たちが仕掛けたサプライズパーティーだったわけです。

2つ目に、WH22という会場を紹介したいと思います（写真1-1-6）。元々ワインショップで、地下室はナイトライフの礼拝堂という少し猥雑な空間に使われていたようなのです。かなり広いスペースで、ここでも、いくつかのアートコレクティブが紹介されていました。その1つが、「Nhà Sàn Collective」という、ベトナムのコレクティブで、アーティストをサポートするプラットフォーム、展覧会、ワークショップ、映画上映などをしていま

写真1-1-6　WH22（2022）

第1章　ビエンナーレ・トリエンナーレの行方

写真1-1-7　Nhà Sàn Collective《Vietnamese Immigrating Garden》(2022)

写真1-1-8　Party Office b2b Fadescha「ダンスフロア、読書室、地下牢、休憩室を備えた多目的スペース」(2022)

す。このグループは、2022年度の関西国際芸術祭でも紹介されていて、大阪・釜ヶ崎で日雇い労働者と表現活動を行うNPO法人ココルームの展示の隣で、ビルの中で畑を作っていました。「ドクメンタ15」でも、ドイツのベトナムコミュニティとともに、ベトナム由来の植物で畑を作っていました。この場所が将来的にベトナムコミュニティの拠点となることも期待されています（写真1-1-7）。Nhà Sàn Collective は、元々はNhà Sàn Studio という、ベトナムで最初の非営利アートスペースを作り、国際的な芸術交流拠点となっていたのですが、当局の圧力により閉鎖されるということがありました。それにもめげず、新たにこうしたNhà Sàn Collectiveを立ち上げて、頑張っている若い人たちです。

　その地下空間なんですけども、少し猥雑な空間として使われていたという文脈も踏まえて、インドのニューデリーのParty Office b2b Fadescha というアートコレクティブが、ダンスフロア、読書室、地下牢、休憩室を備えた多目的スペース作ったり、性をテーマにした映像作品を作ったりしていました（写真1-1-8）。彼らは、これまでもトランスフェミニストの芸術及び社会空間を作ることをテーマとしてきました。

反ユダヤ的表現

　ここで、WH22の会場の作品の1つが反ユダヤ主義的表現を巡る騒動に絡みますので、3つ目の表現の自由に関わる論点を挟みたいと思います。パレスチナの「The Question of Funding」というグループです。こうした国ですと、資金調達もなかなか難しいので、国際的な資金調達に頼らざるを得ないところがあるのです。しかし、そうしたモデルに疑問を投げかけて、持続可能な仕組みを考えている集団です。ITを活用し、参加者が現物サービスで交換できるブロックチェーンベースのサービスという持続可能な資金調達の仕組みを考えました。ここで問題とされたのは、作品の内容ではなく、BDS運動に関わっているということなんですね。BDS運動というのは、イスラエルの作品をボイコットする運動です。この運動に「The Question of Funding」が関わっているのではないかと、2022年2月「ドクメンタ」の開催都市であるカッセルのユダヤ人グループ

写真1-1-9　Mohammed Al Hawajri《Family of Farmers》

が、ブログで発信をします。それがいくつかのメディアに好意的に取り上げられるということがありました。それをきっかけに、主催者としては、ディスカッションをしようという試みも見られたようですが、うまくいかなくて、開幕直前に、展示会場に殺人を予告するような落書きがなされるという事件が起こりました。こうしたことが後に、大騒動に発展していく導火線となります。

　ちなみに、この写真（1-1-9）は、「The Question of Funding」が招聘したアーティストグループ「Eltiqa」のメンバー Mohammed Al Hawajri の作品です。彼は、フィンセント・ファン・ゴッホの《ジャガイモを食べる人々》で描かれた農民を空襲に晒された都市に置き換えて、フォトモンタージュ作品を制作しました。のちに、この作品も反ユダヤ主義的だとの批判に晒されることとなります。

アート作品を作らないでくれ！

　論点1「アートとはなにか」という問いに応えるための具体的な作品紹

写真1-1-10 Lumbung Kios (2022)

介の話に戻ります。3つ目の会場です。この場所は、かつてHubner-Arealという電車、列車の部品製造会社でした。意外なのですが、「ドクメンタ」は、地域の文脈をすくい取った作品展開をこれまでしてこなかったのです。「ルアンルパ」としては、そうしたことも、カッセルに必要ではないかということで、工業地域と住宅地域が入り交じった東地区への展開に、今回初挑戦したということでした。「ドクメンタ」で、初めて地元のアーティスト、クリエイターが作品を出展し、そうした作品が販売されるスペース「Lumbung Kios」が作られていました（写真1-1-10）。作品群の1つを紹介しておくと、マリのフェスティバルをやっている劇団が紹介されていて、毎年、音楽やダンス、演劇、アートなどのプログラムを開催し、アフリカ全土の若手アーティストなどを育成しているとのことでした。その主催者の人たちの簡単なワークショップのようなことも行われていました。

　日本のアーティスト栗林隆さんを紹介します。彼は、固定の展示場所を持たなくて、いろんなところに神出鬼没に現れます。原子炉になぞった《元気炉》を作りますが、実は、これ薬草スチームサウナなんですね。彼と

第1章　ビエンナーレ・トリエンナーレの行方　　23

写真1-1-11　栗林隆とCINEMA CARAVAN《元気炉》(2022)

も少し話す機会があったのですが、「ルアンルパ」からは、「アート作品を作らないでくれ！」と強くいわれたということをおっしゃっていました（写真1-1-11）。

芸術祭と表現の自由

　3つ目の論点「芸術祭と表現の自由」の話をしましょう。冒頭に紹介した「TARING PADI」というインドネシア作家の作品が、オープニングの日から数日後に撤去されるということになってしまいます。この手前の作品は、地元の学校の子どもたちが作った作品なんですね。これらすべてが一挙に撤去されるという事態が起きてしまいました（写真1-1-3 p.15参照）。撤去しただけでは終わらなくて、7月16日には、総監督ザビーネ・ショルマンが辞任する事態にも発展します。私は、この頃サバティカルでドイツに半年滞在していました。友人らとこの話になると、「もう明日にはドクメンタを中止になるよ」とか、「ドクメンタはもうなくなるかもしれない」と言われました。新聞などメディアがそういう論調なんですね。日本でも、あいちトリエンナーレのような騒動があったわけですけども、「ドクメンタ」や

「ルアンルパ」に対してあれ以上のバッシングがあったのではないかと実感したのです。

　そもそもは、「ルアンルパ」というアートコレクティブに、「ドクメンタ15」はディレクターになる機会を設定して、自由にアートについて考えてくださいという土俵を与えたわけです。しかし、いざヨーロッパが前提とするアートを乗り越えようとしたことに対して、理解されなかったところもあったのではないかなと思うのです。ドイツのユダヤの事情などよく知らないまま、軽率な発言は慎ましなければならないが、そういった過剰なまでのバッシングの背景に、オリエンタリズム的な発想が見え隠れしていないか、ということを感じた次第です。その点は、後半のディスカッションで掘り下げていければと考えています。

まとめとして

　最後に、これまでの話を簡単にまとめておきます。論点の1つ目としては、グローバルサウスの各国を代表するアートが紹介され、集合知的な社会正義の実現によるアートマネジメントにトライしたと見ることができるのではないかいうことを指摘をしました。「ルアンルパ」としては、こうしたことをきっかけにして、国同士のつながりではなくて、地域同士の国際的なつながりを作って、芸術祭後、地球的課題の解決にみんなでつなげていく、そうしたことをめざしたのですけども、芸術祭を巡る過度なバッシングという事態があり、こういったことがこれからどこまでできるのかっていうところは、やはり見ていく必要があると思います。

　2つ目は、あまり時間を割けなかったのですが、芸術祭と観客参加についても取り上げました。

　3つ目として、そうした芸術と表現上の問題、反ユダヤ主義と民族主義の対立です。私の知り合いの研究者の中には、「こういった対立になってしまったことが、すごく残念で、少なくとも、そういった反ユダヤ主義だという人たちと、このドクメンタの主催者で、対話の場が設けられるべきだった」といわれる方もいました。

　私からは、以上にしたいと思います。

注及び引用文献：
  1）廣田緑「持続可能なアート・コレクティヴの実践《ルル学校》と「ドクメンタ15」から考える」『国際ファッション専門職大学紀要 FAB』4号，2023年．
＊第1章1での「ドクメンタ15」に関する言及は、吉田隆之が2022年6月18日〜20日、8月7日に行った現地調査、ドクメンタ15のウェブサイト（documenta und Museum Fridericianum gGmbH, Documenta Fifteen, 2023,<https://documenta-fifteen.de/>（参照2024-12-31）．）、Abschlussbericht（Gremium zur fachwissenschaftlichen Begleitung der documenta fifteen, 2023,https://www.documenta.de/de/retrospective/documenta_fifteen（参照2024-12-31）．）等による。
＊第1章1で使用している写真は、編著者吉田隆之が撮影した。

2.「参加」の広がり
——国際芸術祭「あいち2022」を振り返って

中村史子

愛知県美術館主任学芸員（当時）／
国際芸術祭「あいち2022」キュレーター

　私は普段、愛知県美術館という美術館で働いています。愛知県美術館は国際芸術祭「あいち2022」という、芸術祭の会場にもなっている美術館です。なので、芸術祭の会場である愛知県美術館で働くことに加え、2022はキュレーターとして作品、作家の選定に関わったのですが、それまでもずっと、あいちトリエンナーレの時代から、芸術祭を見てきました。そうした経験から、今回は「参加」をテーマに振り返っていきたいと思います。限られた時間ですのでどんどん早口で説明することになりますが、よろしくお願いします。

愛知の芸術祭の歩み

　まず、愛知の芸術祭は、一応前史がありまして、愛・地球博という万博が2005年に行われます。　2005年のその万博の中でアートの要素が足りなかったのではないかという反省が愛知県内であったそうで、その翌年より芸術祭の構想が愛知県主導によって始まります。そして、2008年には愛知県内に、愛知県の行政の中に国際芸術祭推進室という部屋が設立されて、2010年に最初の芸術祭開催となりました。

芸術祭の源流として万博があったというのは、非常に面白いことです。というのも、世界で最も有名な芸術祭の1つであるヴェネツィア・ビエンナーレも、元々は19世紀の博覧会文化から生じているからです。とはいえ、万博というのは国別のパビリオンが並んで最先端技術の発表を行う場所となります。珍しい外国の事物を一同に集める、娯楽とスペクタクルの場ですね。それはまた、国民国家の枠組みにも基づいたショーケースです。

今回のシンポジウムのテーマは、新しい参加のあり方ですが、それは19世紀に始まった万国博覧会文化を反省し更新していくものなのではないかなと思います。

あいち2022の概要

従来の万国博覧会モデル、つまり一方的に外国の珍しいもの、最先端のものをショーケースのように見せるのではなく、それを超える参加、交流、対話、あるいは国という枠組みに囚われない、発信のあり方をめざすというのが、今求められている芸術祭ではないかなと思います。つづいて「あいち2022」の概要ですが、現代美術展とパフォーミングアーツ、いわゆる舞台作品ですね、それとラーニングから構成されています。ラーニングは、以前は教育普及と呼ばれていた試みです。

現代美術展に参加するアーティストグループは、32か国から82組で、82組のアーティストのうち、日本人が41パーセント、活動地域別に分けると日本拠点が33パーセントです。このように、海外を拠点にしている人、海外アーティストが約半数を占めています。また、60パーセントの作家が展覧会のために新作を作っています。今回、2022の愛知の芸術祭は、会場として名古屋市の中心地にある愛知芸術文化センター、これは美術館も含む大きな文化施設ですが、そこにくわえて一宮市、常滑市、名古屋市有松地区という、美術館以外の場所も、会場として使っていきました。また、企画チーム、いわゆる作家や作品をテーマの下で選んで考えていくチームなんですけれども、今回は、アーティスティック・ディレクターとして、片岡真実さんをお招きしています。くわえて、2022の大きな特徴としては、複数のキュレトリアルアドバイザーズの協力を得たことですね。普段は、

第1章 ビエンナーレ・トリエンナーレの行方　27

芸術祭、国際芸術祭ですとキュレーターが自分たちで海外含む各地に行って、そこで色々な作品や作家を見て、それで面白いと思うもの、ぴったり合うようなものを、自分たちで選んでいくんですが、今回は、とにかくちょうど準備期間が、コロナの感染拡大時期と被っていた。そこで、このキュレトリアルアドバイザーの方々に、それぞれの地域、国の中から、面白いと思う方々を選んでいただくというような形を取りました。

　また、コロナで海外に行けない分を補いつつ、キュレトリアルチームの方でも、海外の作家、日本の作家について調べて候補として加えていきました。

今、を生き抜く

　テーマは「STILL ALIVE　今、を生き抜くアートのちから」という言葉を掲げています。

　「STILL ALIVE」というテーマですが、コロナで沢山の方々が病気で苦しんだ時代だからこそ、まだ生きているという、この言葉が強く響きます。また、これは河原温という、愛知県生まれのアーティストの作品、《I Am Still Alive》シリーズからも着想を得ています。河原は、コンセプチュアルアートという、非常に概念的な表現の潮流の中で記念的な作品を作った人で世界的にも非常に高く評価されています。同時に、愛知県出身の人でもある。国際的な発信力と、愛知ならではのローカリティーというところを、併せ持っているのではないかなと思います。さらに、先ほど吉田さんもおっしゃったように、あいちトリエンナーレが、社会的に議論を呼んだ中でも、もう一度、芸術は、表現は「STILL ALIVE」なんだっていうような気持ちも、私は読み込んでいます。

I Am Still Alive

　具体的な作品の紹介をしていきます。先ほどあげた河原温の作品が、1番最初に展示室にずらっとこのケースの中に並んでいます。《I Am Still Alive》シリーズです。これ全部電報で、I Am Still Aliveとだけ書かれています。河原は、「自分はまだ生きている」すなわち「I Am Still

写真1-2-1　河原温 国際芸術祭「あいち2022」展示風景　©国際芸術祭「あいち」組織委員会、© One Million Years Foundation　撮影：ToLoLo studio

Alive」というメッセージだけが書かれた電報をいろんな人に約30年近くずっと送り続けていたんですね。送り先の人はその時、その時で違う人なんですけれども、面白いのは、まずこれ、いわゆる絵とかではなくて電報という既存の通信インフラを使っていること。また、作れば作るだけ、それが受け取り手の所有物になっていくんですね。なぜなら、絵だったら描いた人の手元に絵が残りますけれども、この作品は、この電報、I Am Still Aliveという謎めいた電報を送る行為が作品なので、送ったらそれは受け取り手の元に残るんです。

　また、I Am Still Aliveっていうのが、すごく元気、というわけではなくて、まだかろうじて何とか生きている、みたいな、ちょっと弱々しく不安定さがあるのも面白いと思います。遠い過去からの手紙のようにも感じられます。さて、この言葉から成立する本作品も参加という観点でいいますと、河原温が、たった1人で作ったのではなくて、必ず受け手の人がいないと、成り立ちません。また、その電報というインフラを支える人々が介在して作られてもいる。広い意味で、参加の作品ではないかなと思います（写真1-2-1）。

第1章　ビエンナーレ・トリエンナーレの行方

写真1-2-2　国際芸術祭「あいち2022」展示風景　リタ・ポンセ・デ・レオン《人生よ、ここに来たれ》2022　©国際芸術祭「あいち」組織委員会　撮影：ToLoLo studio

写真1-2-3　国際芸術祭「あいち2022」展示風景　ホダー・アフシャール《リメイン》2018　©国際芸術祭「あいち」組織委員会　撮影：ToLoLo studio

行為、体験

　「参加」という行為を直接的に表す作品ですと、こちらリタ・ポンセ・デ・レオンというペルー生まれでメキシコを拠点にしているアーティストの作品があります。

　彼女はレインスティックという、傾けると雨のような音がする木の棒のような立体作品と、こちら木琴の作品を新たに作りました。この木琴の作品は、詩人や展示会場のある愛知県に暮らす人たちと協力して、言葉を集めていくことから始まっています。こうして色々な人から集められた言葉が、木琴の上に書かれています。 そうすると、この木琴、実は、鍵盤の位置が自由に変えられるので、鍵盤を変えることで誰でも即興で詩ができてしまうのです。また、実際に楽器として叩くこともできます。会場には子どもも含め多くの人が集まって、木琴を鳴らしてみたり、詩を自分で作ってみたりしていました。制作の段階で様々な方が関わっている上、展示の場でも、観客自身の創造性が刺激されるような、そうした参加の在り方が実現されていました（写真1-2-2）。

　もっとも、参加の中には、辛い体験を再度見つめ直すようなシリアスなものもありえます。たとえば、このホダー・アフシャールの作った《リメイン》という作品は、パプア・ニューギニアのマヌス島というところにある難民収容所を舞台にしています。この難民収容所では、2016年に閉鎖が決定するまでたくさんの人たちが亡くなっており、まさに人権が蹂躙されるようなひどい施設だったそうです。ホダー・アフシャールは、実際にその収容所にいた人たちを映像作品に収め、非常に美しい島でありながら、体制側の都合で収容所から出られない悲劇的な状況を描き出しました（写真1-2-3）。

　また、作り手同士のコラボレーションの作品もたくさんあります。こちら、シュエウッモン、彼女は、ミャンマー生まれのアーティストです。今は家族でチェンマイの方へ移住しています。ミャンマーは、コロナが流行る前にクーデターが起きるなど政治的に非常に厳しい状況にあり、彼女もその家族も皆心身共に追いつめられたそうです。とりわけ画家である妹のチーチーターは、その中で精神疾患を患ってしまいます。シュエウッモンは、

写真1-2-4　国際芸術祭「あいち2022」展示風景　シュエウッモン《雑音と曇りと私たち》2020-2022　©国際芸術祭「あいち」組織委員会　撮影：ToLoLo studio

　その妹さんと共同制作することでお互いを癒すような、そういう表現をめざしました。写真家であるシュエウッモンが撮った写真に、妹チーチーターが色をつけていく。そうして姉妹でコラボレーションしながら、非常に厳しい状況をなんとか生き抜いた、そういう日々が記録された作品になっています。しかしながら一方で、それほど重苦しくない何気ないミャンマーの日常が写真に残っているのも新鮮ですね。多くの人が大変親密な作品として共感的に鑑賞していたのが印象的でしたね（写真1-2-4）。

土地のアイデンティティー

　ここまでの作品は、どちらかといえば、海外からのインプット、海外の状況を伝える作品が比較的多く紹介されていたかと思います。しかし、国際芸術祭で重要なのは、海外の情報を単に日本にもってくるだけ、愛知に持ってくるだけではなくて、愛知自体の文化的な土壌や歴史をいかに掘り下げて伝えていけるかという点です。また、お客さん自身が作品鑑賞を通じて、自分たちが今住んでいるこの愛知県がどういう場所なのか、そ

写真1-2-5　国際芸術祭「あいち2022」展示風景　デルシー・モレロス《祈り、地平線、常滑》2022　©国際芸術祭「あいち」組織委員会　撮影：ToLoLo studio

の場所や歴史、文化、つまり、この土地のアイデンティティーを学ぶということも大事になります。たとえば分かりやすい例ですと、常滑会場では、デルシー・モレロスが、土を使った作品を大規模に展示しました。常滑という町は、六古窯の1つであり古くから陶磁器産業が盛んなところで、今でも至るところに陶磁器工場があります。おそらく、皆さんにとって一番身近なのはトイレですね。便器も元々は、土管などの生活用品を陶で作る地元の産業から生まれてきたそうです。このように、常滑の人々が長く土と生きてることに関心を持ったデルシーは、常滑の人々、そして愛知に住んでる陶芸家とコラボレーションして、この大量の土のお団子を作りました。　南米アンデスには、クッキーを土の中に埋め大地の女神にお祈りをするという信仰があると聞きました。彼女の国の文化と常滑の土が出会う作品になったわけです（写真1-2-5）。

　また、タイ、チェンマイのミット・ジャイインは、有松という絞り染めで有名な地域では、絞り染めの布が軒先にかかっていることからインスピレーションを受け取りました。そこで彼自身、自分の絵画を、暖簾のようにしま

第1章　ビエンナーレ・トリエンナーレの行方　33

写真1-2-6　国際芸術祭「あいち2022」展示風景　ミット・ジャイイン《ピープルズ・ウォール（人々の壁）2022》2022
©国際芸術祭「あいち」組織委員会　撮影：ToLoLo studio

して、古い伝統的な日本の家屋の前に絵画をかけるということを試みます。これも、有松の伝統的な街並みと見事に響き合うものになったと思います。こうして多くのアーティストが、その土地その土地へ行って、愛知県の常滑、有松、或いは一宮など、その地域ゆかりの産業や文化、歴史を改めて発掘して、それをもう一度、そこに住んでる人たちにも再発見してもらえるような形で作品化していきました。住民ですら知らなかった情報、事実を掘り起こして、作品という形にする過程で複数の物語を入れていくんですね（写真1-2-6）。

参加という行為

　ここで最後に、改めて参加について考えます。作品を間に挟み、いわゆる発信側、作品を作り展示する側がいて、一方に受容者つまり鑑賞者がいる。その2方向でしか参加という行為は捉えられないのでしょうか。それ以外にどのような参加が芸術祭ではあり得るのか。それを考える上で、大事になるのはラーニングですね。先ほど、ラーニングは教育普及と呼ばれていたと言いましたが、教育普及と違うのは、先生のような教える

人がいて、その人が上から下に教育をするのではなく、ラーニングは学ぶ人が主体なんです。「私が学ぶ」ですね、だから一方的に知識を教わるわけじゃないんです。

「あいち2022」では、レクチャーのような専門家の話を聞く従来型のプログラムに加えて、アーティストや芸術監督とともに、参加者が自分たちでリサーチする、自分たちで行動するリサーチプログラムが複数用意されていました。また、展覧会が始まってからは、ガイドツアーや学校等のスクールプログラム、ボランティアプログラムなども多数行われました。ラーニングプログラムをちょっと書き出してみると、すごい量になるわけですが、ラーニングプログラムの中でも、とりわけリサーチプログラムが参加という意味では面白いんじゃないのかなと思います。

たとえば、「ドライブレコーダー」というプログラムは、最近話題の運転免許証の返納という問題に注目したラーニングプログラムです。運転免許証を返納することを迷ってる人を一般に募集すると同時に、迷ってる人たちにインタビューする側の人も広く募集したんですね。そして、結果的に、インタビュー参加者が延べ62名になりました。こういう形で、作品あるいは芸術祭に参加することもあり得るわけです。インタビューの結果は、もちろん展示という形に結実されますし、また、展示や芸術にだけでなく運転免許証の返納について考えるきっかけ作りにはなったのかなと思います。

また、先ほどボランティアという言葉も出てきましたが、ボランティアにも色々なフェーズがあります。いわゆる会場運営のような仕事をされる方々がいる一方で、対話型鑑賞形式で少人数で作品鑑賞しながら話をしていくツアーのボランティアもいます。これら幅広いボランティアの中には、芸術祭には関わりたいけれども美術の専門知識はないし、みんなの前で話したりするのは嫌だという方もいます。また、芸術や美術への関心以上に住んでいる地域に何らかの形で貢献したい、純粋になんか楽しそうだ、友達が欲しい、外に出るきっかけが欲しいとか、モチベーションもボランティアごとに大きく異なります。それぞれのモチベーションや得意不得意に合わせて、ボランティアの内容を選ぶこともできるように準備していました。

第1章 ビエンナーレ・トリエンナーレの行方　35

横断と交流

　まとめに入ります（図1-2-1）。芸術祭について、先ほどざっと作品紹介をしましたが、マクロな世界的動向、国境をまたいだ情報や感性の往還のような、非常に大きな、グローバルな側面があります。また、それが既存の美術史とどう関係づけられ、いかに美術史に記録されるかという、専門的な部分もありますね。向かって右側がグローバルな動向とか専門的な美術のコンテクストだと考えてください。一方、それを愛知でやる場合には非常にローカルな出来事、この地域ならではの文化や環境に立脚しないといけません。また、一部の専門家が評価するだけではなくて、地元に暮らす人々をはじめ、幅広いバックグラウンドの方々に作品を伝える必要もあると思います。つまり、ローカルとグローバル、多くの人に伝わることと、専門的な知識・調査に基づくことという、一見すると相反するようなことを同時にやってのけるというのが芸術祭なんですね。　真ん中に、ぐるぐると回っている矢印を書いていますが、この、いくつかの二項対立を崩すのが、結局、この矢印、異なる領域を横断し交流する人の存在ではないかなと思います。あいち国際芸術祭、入場者数は48万という数が出ていますし、また、本当に多くのボランティアさんにも支えられています。

図1-2-1　芸術祭をめぐる4つの領域の循環

やはりそうしたたくさんの方々、実際に鑑賞者として足を運んだ人、さらに作品の制作に関わった人、会場運営のボランティアを務めた人など、とにかく生きた人がそれぞれ異なるバックグラウンド、モチベーションのもと、同じ場所に集い空間を共有する。それによって、ぐるぐると回るダイナミックな動きが出てくるのではないかなと私は考えています。駆け足になりましたが、以上となります。

3. 芸術祭におけるボランティア / サポーターの成立と展開

藤原旅人

九州大学大学院工学研究院附属
アジア防災研究センター特任助教（当時）

ボランティアとサポーター

　私は、現在九州大学にあるアジア防災研究センターに所属しています。そこで、まちづくりや防災に対して文化芸術がどのような役割を果たすことができるのかという研究をしています。アートプロジェクトや国際芸術祭に関する研究としては、2008年からアートプロジェクトや国際芸術祭における市民参加や市民参画といった現場を目撃し、ボランティアやサポーターとして関わる市民への継続的な聞き取り調査を行ってきました。今回のタイトルは「芸術祭におけるボランティア/サポーターの成立と展開」としました。

　私はこのところ、ボランティアとサポーターの区別にこだわっています。これは、アートプロジェクト研究者の金嬪娜さんが論文上でサポーターとボランティアを明確に分けているのを参考にしました[1]。金さんは、サポーター／ボランティアと表記しているのですが、私はボランティア活動が最初に展開していて、そこからサポーター活動が追随する形で派生していったと考えていて、そういった意味を表すためにボランティア/サポーターと表記しています。このボランティアとサポーターの違いについては、後ほど紹介したいと思います。

　私がアートプロジェクトや国際芸術祭に関するお話をさせていただく時

には、いつも「さいたまトリエンナーレ2016[2]」を支えているサポーター活動を事例としてお話ししています。「さいたまトリエンナーレ2016」は埼玉県さいたま市で初めて開催された国際芸術祭です。そして、国際芸術祭の開催とともにサポーター活動も展開していきました。このサポーター活動は活発に展開し、今は国際芸術祭の名称がさいたま国際芸術祭へとかわっていますが、現在も活動は継続しています。そして、その中でも「さいたまトリエンナーレ2016」の招聘作家であるチェ・ジョンファさんのワークショップについて紹介します[3]。ワークショップの内容としては、最初にチェ・ジョンファさんとの対話の時間があり、後半に制作の時間でとても楽しい内容のワークショップでした。ただ、実際のワークショップの内容は楽しいだけではなく、ワークショップを行う前に、私たちの日常生活におけるプラスチックの使われ方や、プラスチックを日常生活で使うことがいかに環境問題や世界的な問題につながるかということへのチェ・ジョンファさんからの問題提起があり、そこからサポーターも交えた議論へと展開していきました。そして、各自持ち寄ったプラスチックで、1つの成果として、チェ・ジョンファさんと一緒に《サイタマンダラ》という作品を共創しました。その後、このワークショップを契機として環境問題やプラスチックの問題に興味・関心を抱き、さいたま市で展開をしている環境問題に深く関わったり、ある人は環境ボランティア活動に参加するようになったサポーター参加者もいます。このサポーター活動をきっかけに、その地域社会の問題を考える機会になっていったことを表す良い事例だと考えていて、いつも紹介しています。私はボランティア、あるいはサポーター活動を、市民社会を担う市民の育成の場であり、アートを媒介に地域社会への意識を醸成する機会として捉えています。

　これは、「さいたまトリエンナーレ2016」でサポーターたちの心に響いたと私が考えている作品のひとつです（写真1-3-1）。アイガルス・ビクシェさん[4]というアーティストの《さいたまビジネスマン》という作品です。みなさんはこの作品を見た時、どんなことを考えますか？

　アイガルスさんが、作品制作前に、さいたま市をリサーチしている中で、なんでこんなにサラリーマンが多いんだという印象や電車の中で見るサ

写真1-3-1 「アイガルス・ビクシェ《さいたまビジネスマン》さいたまトリエンナーレ2016展示風景」 ©2016 Aigars Bikše　photo：Kutsuna Koichiro

ラリーマンが凄く悲しそうで疲れている表情をしていると思ったそうです。アイガルスさんがリサーチしていく中で、毎日さいたま市の何十万人の人が、東京に通勤や通学で通っていて、夜になってさいたま市に帰ってくる生活をしている人々の生活の仕方に興味・関心を抱きます。そして、アイガルスさんにとってこのサラリーマンの存在こそがさいたま市を大きく象徴していると考え、このような作品をつくりました。この作品を見た時、サポーターたちは最初は困惑していました。しかしながら、徐々に理解しだし、その後にサラリーマン像の意味やアーティストはなぜこの場所にこの作品を設置したのかという話をはじめとして、様々な議論が展開していきました。

　そこで、毎週金曜日にサポーター参加者が集うサポーターミーティングの中で、サポーター参加者とアーティストであるアイガルスさんが直接お話しする機会をつくりました。サポーター参加者とアーティストが対話していく中で、作品の話からさいたま市が抱えている地域社会の問題や、さいたまという都市をどのように意識しているのか、さいたまという地域社会の今後の可能性の話にまで展開していきました。さらに、そこからサ

第1章　ビエンナーレ・トリエンナーレの行方

ポーター参加者の多様な活動が展開していきました。このように、「さいたまトリエンナーレ2016」のサポーターのあり方を一番象徴する1枚として紹介しました。

大地の芸術祭 越後妻有アートトリエンナーレを支える「こへび隊」の活動から

　自治体が主催となる国際芸術祭は全国で2000年代から展開してきました。国際芸術祭を支えるボランティアは、「大地の芸術祭 越後妻有アートトリエンナーレ」[5]を支えるボランティア「こへび隊」に端を発します。「こへび隊」の活動は、バスツアーのガイドボランティアなどをのぞいて、参加者は特に能力や技能の必要はなく、誰でも参加できることが特徴です。実際の活動としては、芸術祭の会期前は、招聘作家の制作サポートが中心で、芸術祭の会期中は作品会場の受付が中心の活動になります。芸術祭は多くの作品は地域の中に点在していることが多く、受付や鑑賞客への対応が重要になってきます。芸術祭会期中に、受付担当として活動する時にはマニュアルセットが用意されていて、そこに緊急時のことや対応するべきこと、受付や作品の管理について詳しく書かれています。参加者はマニュアルを参考にしながら活動を行います。また、こへび隊参加者の宿泊施設も用意されていて、外部からの参加者にも門戸が開かれていました。そして、芸術祭の会期が終わると、恒常的に設置されている作品や施設のメンテナンスが必要になってきます[6]。以上のような特徴がアートプロジェクトや国際芸術祭を支えるボランティアにはあります。

ボランティア概念の変化

　ボランティアの考え方の変化についても触れたいと思います。ボランティアの特徴が近年になって変わってきています。元々、自発性、無償性、公益性、創造性、先駆性というものがボランティア活動の上での重要な考え方だといわれていました。社会に貢献したい、豊かな社会にしたいという動機から参加者は活動をしていました。しかしながら、最近のボランティア参加者は、従来の参加動機から、自分達にとって何を得られるか、あるいは、自分達の居場所を求め、さらには自分の肯定感を獲得するという

動機でボランティアやサポーター活動に参加している方も徐々に増えてきているように思います。それらの動機を自己肯定、自己実現、互酬性という言葉でまとめています。このボランティア参加者の変化は、アートプロジェクトや国際芸術祭を支えるボランティア活動やサポーター活動の展開を考える上でとても重要です。参加者の動機を把握し、その参加者が何を求めているのかを考えることがアートプロジェクトや国際芸術祭の現場運営では必要なことになってきていると思います。

　私はこれまで数多くのボランティア、サポーター活動に参加をしながら、参与観察を行い、調査研究を進めてきました。私自身も研究をはじめた当初は、いちボランティア参加者として関わりながら、参加者の実践や、参加者が紡ぐ関係性、実際のボランティア活動がどういうものかを実践知としてまとめてきました。2010年代に入ると、アートプロジェクトを運営するスタッフとしてプロジェクトに関わってきました。

横浜トリエンナーレ2005から展開するサポーター活動

　ここからサポーターの活動について説明します。2005年に開催された「横浜トリエンナーレ2005」という国際芸術祭[7]で、サポーターという制度が出来ました。このサポーター制度は、既存のボランティア制度とは大きく違います。ここは強調したい点です。ここでいう既存のボランティアというのは、事務局や運営側がボランティア参加者の活動の枠組みをつくって、市民が参加するという関わり方です。一方、サポーター制度はプロジェクトの企画構想段階から関わり、運営に市民が参画する関わり方です。

　「横浜トリエンナーレ2005」の事例で具体的にいうと、サポーターが主体となって、より能動的に、より深くかかわって、ワークショップ、アーティストトーク、パフォーマンス、あるいはラジオ番組、拠点の運営、トリエンナーレ学校という活動が展開していました。また、「横浜トリエンナーレ2005」の招聘アーティストがプロジェクトを展開する中で地元の人との橋渡し役を担い、これまでのボランティアとして関わり方よりも、より責任のある活動を担いました。つまり、運営側が枠組みを決めた形の市民参加から、共に事業のはじまりから深く関わっていく市民参画型への展開とい

うのが、この「横浜トリエンナーレ2005」を契機に行われました。

「横浜トリエンナーレ2005」の総合ディレクターを務めた川俣正さん[8]にインタビュー調査する機会がありましたが、サポーターという名称はクラブをサポートする意識がしっかりあるサッカーのサポーターのイメージからとり、サポーターという名前を考えたということを仰っていました[9]。川俣さんは「サッカーでサポーターって言いますよね。あのイメージがはっきりとありました」と答えてくれました[10]。さらに、サポーターとしての責任を一緒に担ってもらうということについても言及されていました[11]。この責任の考え方がとても重要で今後の市民参加や市民参画のあり方を考えた時に重要になってくるワードだと思っています。

先ほど、吉田さんから投げかけがありましたが、ヨーロッパでは、国際展でボランティアも数多くいると思いますが、「お金を払うボランティアとして社会的に成立しています[12]」と川俣さんは述べていました。逆に、ヨーロッパで一般の市民が国際展にボランティアとして参加することの難しさについても言及されています。それは、現場で何か作品を壊した時に、責任をどうするのかという問題が発生してくるからです[13]。

また、川俣さんはアートプロジェクトや国際芸術祭におけるアーカイブについても言及されています。彼が総合ディレクターを担った「横浜トリエンナーレ2005」でドキュメントや記録集が4冊あり、とても丁寧にアーカイブされています。これもこれからのアートプロジェクトや国際芸術祭を考える上で重要なワードになってくると思います。

市民の参画

次に市民の関わり方を考えたいと思います。2つの市民の関わり方の考え方を紹介します。

1つめは、よくまちづくりや教育分野で援用されるロジャー・ハートの参画の梯子の図です[14]（図1-3-1）。1番目が、「操り参画」、あるいは「お飾り参画」、「形だけの参画」という非参画としてとらえている段階がありつつ、そこから徐々に参画の度合いを深めていきます[15]。これは、子どもが大人を一緒に何かをやるときに、子どもがどのように主体的に行動をし

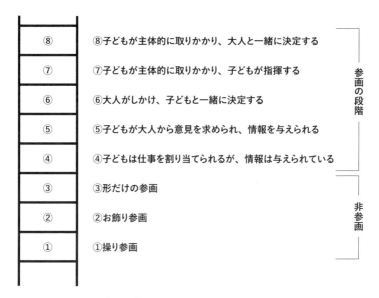

図1-3-1 参画の梯子 （ロジャー・ハート（2000）を基に筆者作成）

ていくかということを分析した時に、こういった段階で分析しています。たとえば、4番目の段階になってくると、仕事は割り当てられるが情報を与えられている段階になり、情報という言葉が出てきます。さらに段階を進むと、意見を求められるようになります。最終段階では、子どもが主体的に取りかかり大人と一緒に決定する段階になります。この「一緒に」というワードも1つの重要なキーワードかもしれません。このように段階を深めていくと、市民の関わり方や責任が深まっていきます。このようなボランティアやサポーターの参加や参画に関する分析が今後必要になってくると思います。

2つめは、パブロ・エルゲラさん[16]が、アメリカを中心に展開しているソーシャリー・エンゲイジド・アートについて、4つの参加の仕方に分類しています。「名目的な参加」、「指図された参加」、「創造的な参加」、「協働の参加」です。参加の度合いとしては、徐々に増えて、最後の4番目の「協働の参加」では、「作品の構成やコンテンツを展開させる責任を共有する」と説明されています[17]。ここでも責任が1つの重要なワードになっています。

中動態的参加からとらえる参加者の変化や変容

　中動態概念をご紹介したいと思います。ボランティアやサポーター活動の中において、参加者の変化や変容を考えた時に、私はこの中動態という考え方を援用して考えています。全ての行為は能動／する、あるいは受動／される、2項の項目で考えられがちですが、そのはざまに中動態という考え方が存在し、この中動態的な状況がサポーター参加者の変化や変容を考える時にとても重要だと考えています。

　この中動態という考え方は、2017年に哲学者の國分功一郎さんが、再評価した考え方になります[18]。この中動態概念を基軸に考えていくと、サポーターやボランティアの人間的な変化や変容において、新しい視点を獲得することができます。ボランティア、あるいはサポーター参加者に、色々ヒヤリング調査をしていくと、自分自身が変わったとか成長したという回答は、なかなかご自身の口から聞くことはなくても、人によっては他人から見ると、明らかに振る舞いが変わっていて、ヒアリング調査の中でも「あの人の振る舞いや態度が変わってきた」というお話を聞くことが数多くありました。自分の意識を超え、他者との関係性の中で自分の意志とは異なる力が、サポーター参加者の振る舞いや態度の変化や変容を生み出しています。この状態は、サポーター参加者同士の関係性が親密になればなるほどうまれやすく、私はこういった状況を、中動態概念を援用し中動態的参加として捉えています。

拡張するボランティアやサポーター活動の意義

　ここからまとめに入っていきます。最後に新型コロナのパンデミック状況下を経て、ボランティア活動やサポーター活動がどのように展開していくかということも述べたいと思っています。1つの新聞記事があります。これは西日本新聞の記事[19]で、コロナ禍で国際芸術祭を支えるボランティアやサポーターがどんなことをしていたのか。あるいは、国際芸術祭が今後どのように展開していくかということが書かれています。そして、新型コロナ禍でもボランティア、サポーターの活動は、継続して展開していました。たとえば、先程、中村さんがお話になった、あいちトリエンナーレでは、

「あいちトリエンナーレ2019」のボランティア参加者が主催となって、オンラインで月に1回の頻度で話す機会をつくっていました。そして、さいたま国際芸術祭では、「エアーさいたま国際芸術祭」という、オンライン上でのイベントやトークをサポーター参加者が中心となって展開していました。また、「札幌国際芸術祭2020」ではSAIFラウンジオンライン[20]というオンライン上のトークイベントや対話の機会が開催されていました。このような活動を調査研究していく中で、この新型コロナ禍の中で、ボランティアやサポーター活動の意義が拡張していると考えています。記事では、「転入者が多いさいたま市で、芸術祭の存在が新しく強固なコミュニティーを生んだ。コミュニティー内では、外出自粛中の「生存確認」連絡も行き交い、ライフラインの役割を果たしたという[21]」と書かれています。このオンラインの集いが生存確認やライフラインの役割を担ったということは重要だと思っています。2021年にオンライン上での取り組みに参加されている方々へヒヤリング調査をしたところ、「精神的なライフラインになった」や、「パンデミックの状況から一種のパニック状態にあったが、このオンラインで話すことで、この状況を受け入れることができるようになった」と、お話しくださる方がいて、ボランティアやサポーター活動の意義が新型コロナ禍の中で拡張していることがわかります。今後も、継続的に新型コロナ以降のボランティア、サポーター活動がどのように展開していくのかということについて調査研究を深めていく予定です。

自立した個人からの脱却

　もう1つ考えていることは、ボランティアやサポーター活動を現場で見ていると、「自立した個人からの脱却」ということがいえると思います。これは、参加者の主体性も重要ですが、最近では、ボランティアやサポーター活動で生まれるゆるやかなつながりが重要ではないかと考えていて、こういった意味で自立した個人からの脱却と書いています。先程、中動態のお話もしましたが、私は元々、市民社会を担う能動的に活動できる人財をこのボランティア、サポーター活動の中で育成したいと思っていました。しかし、ボランティアやサポーター活動に参加する人は活発で積極的な人

たちだけではなく、精神的に病んでいる人や、癒しを求めている人、リアルな日常ではうまくいっていない人たちを引き込む魅力が、サポーター、ボランティアの集まりにあるということが、いくつもの現場を重ねる中でわかってきました。つまり、地域社会を支える市民を育成する機会にもなっていて、さらに自己肯定感の獲得や、自己実現をおこなうなど、参加者の内省的な場にもなっていて、複数の意義がこのボランティア、サポーター活動にはあります。

　既存のボランティア研究では、ひとりの自立した個人を育成しようという主体性に依拠した研究が多かったと思いますが、今後は主体性だけに着目するのではなく、参加者同士のゆるやかなつながりやアソシエーションに着目し、このつながりが何を生んでいるのかを考えていきたいと思っています。

地域社会での意義

　これまでアートプロジェクトや国際芸術祭におけるボランティア、サポーター活動のお話をしてきましたが、もう少し俯瞰的な視点から見ていき、地域社会におけるボランティア、サポーター活動の意義という視点で考えていくことも重要だと思っています。演出家の平田オリザさん[22]が述べていますが、昔は地域社会に床屋や駄菓子屋があって、何か悪いことをしたら、駄菓子屋のおばちゃんが、その悪いことをした子どもを注意したり、その情報が親に伝わったりという「無意識のセーフティーネット」があったと仰っています[23]。しかしながら、そういう場所や機会が、現代の地域社会になくなってきています。こういったセーフティーネットにこのボランティア、サポーター活動のゆるやかなつながりが担っていく可能性があると考えています。

　さらに、平田さんは引きこもりの子どもの中には「図書館やコンビニだけは行ける」[24]という子どもたちがいるということを仰っています。この言葉がいつしか「図書館とコンビニ、あるいは国際芸術祭のボランティアやサポーターの集まりだけには行ける」という話になっていくといいなと思っています。ボランティア活動やサポーター活動は、そういった可能性

を持っている大いなる活動だと思っています。そして、このボランティアやサポーター活動に伴奏者として携わるアーティストの存在も忘れてはいけません。アーティストとの共創活動が地域社会でどのように展開するのか。また、アートプロジェクトの特徴として、包容力、多様性、寛容性が挙げられます。地域社会にアートプロジェクトや国際芸術祭を支えるボランティアやサポーター活動があることが、文化政策的に見てもとても重要になってきていると考えています。

　以上で私の問題提起は終えたいと思います。

注及び引用文献：
1) 金嬪娜「アートプロジェクトにおけるサポーター／ボランティアのあり方」東京藝術大学博士学位論文，2019年．
2) さいたまトリエンナーレ2016公式ホームページ，2023年，https://saitamatriennale.jp/（参照2023-7-18）
3) チェ・ジョンファ　1961年韓国生まれ。韓国を代表とするアーティスト。「さいたまトリエンナーレ2016」招聘アーティストのひとり。（さいたまトリエンナーレ公式ホームページ，2023年，https://saitamatriennale.jp/artist/290.html（参照2023-7-18））
4) アイガルス・ビクシェ　1969年ラトビア生まれ。木、ブロンズ、石を素材とした彫刻作品を中心にインスタレーションやアートプロジェクトを展開している。さいたまトリエンナーレ2016招聘アーティストのひとり。（さいたまトリエンナーレ2016ホームページ，2023年，https://saitamatriennale.jp/artist/290.html（参照2023-7-18））
5) 大地の芸術祭越後妻有アートトリエンナーレ公式ホームページ，2024年，https://www.echigo-tsumari.jp/（参照2024-7-5）.
6) こへび隊ホームページ，2023年，https://kohebi.jp/about/（参照2023-7-18）.
7) 横浜トリエンナーレ2005公式ホームページ，2024年，https://www.yokohamatriennale.jp/archive/2005/（参照2024-7-5）.
8) 川俣正　1953年北海道生まれ。1982年のヴェネチアビエンナーレ以降、世界各国の国際展やグループ展に参加をしてきた。横浜トリエンナーレでは総合ディレクターを務めている。（美術手帖公式ホームページ，2024年，https://bijutsutecho.com/artists/136（参照2024-7-5））
9) 藤原旅人「アートプロジェクトにおけるボランティアの参画に関する研究」九州大学博士学位論文，2021年，270ページ．
10) 藤原旅人，前掲論文，2021年，270ページ．
11) 藤原旅人，前掲論文，2021年，270ページ．
12) 藤原旅人，前掲論文，2021年，273ページ．
13) 藤原旅人，前掲論文，2021年，273ページ．
14) ロジャー・ハート（著），木下勇，田中治彦，南博文（監修）IPA日本支部［訳］『子どもの参画コミュニティづくりと身近な環境ケアへの参画のための理論と実際』，萌文社，2000年，42ページ．

15) ロジャー・ハート（著），木下勇，田中治彦，南博文（監修）IPA日本支部［訳］『子どもの参画 コミュニティづくりと身近な環境ケアへの参画のための理論と実際』，萌文社，2000年．

16) パブロ・エルゲラ　1971年メキシコシティ生まれ．人類史，伝記，逸話，歴史的事件の間の思いがけない結びつきを見出し，それらすべてを1つに統合し，そこに我々とアートとの現在の関係性を投影させるアーティスト．（フィルムアート社公式ホームページ，2023年，https://www.filmart.co.jp/books/978-4-8459-1450-0/（参照2023-7-18））

17) パブロ・エルゲラ（著），アート＆ソサイエティ研究センター『SEA研究会（訳）『ソーシャリー・エンゲイジド・アート入門　アートが社会と深く関わるための10のポイント』フィルムアート社，2015年，50-51ページ．

18) 國分功一郎『中動態の世界 意志と責任の考古学』，医学書院，2017年．

19)「コロナ禍の都市型国際芸術祭のあり方は？」『西日本新聞』（2021年4月16日），2021年，https://www.nishinippon.co.jp/item/n/724431/（参照2023-7-18）．

20) 札幌国際芸術祭公式ホームページ内SIAFラウンジオンラインページ，https://siaf.jp/siafloungeonline/（参照2024-7-5）．

21)「コロナ禍の都市型国際芸術祭のあり方は？」『西日本新聞』（2021年4月16日），2021年，https://www.nishinippon.co.jp/item/n/724431/（参照2023-7-18）．

22) 平田オリザ　1962年生まれ，劇作家，演出家，劇団「青年団」主宰，芸術文化観光専門職大学学長．

23) 平田オリザ『新しい広場をつくる 市民芸術概論綱要』，岩波書店，2013年，24-25ページ．

24) 平田オリザ，前掲書，2013年，45ページ．

本研究の一部はJPS科研究費JP23K12064の助成を受けたものです。

4．各パネリストへの応答と論評

山本浩貴
金沢美術工芸大学美術工芸学部芸術学専攻講師（当時）

　山本と申します。とても楽しかったです。吉田さんがおっしゃってたように、領域横断的で、文化政策の人だったら、政策の人で集まり、キュレーターの人だったらキュレーターの人で集まったりとか、同じ領域の専門家が集まって話すことが多くて、その場合、論点とか、対立する点とか、意見の違いとか、結構明確なので、すごく議論はしやすい。その意味で言うと、生産的な回答も結構出しやすかったりするし、それはすごくいいことだけど、今回、やっぱり最初のミーティングでも、「この点は（大事）」っていうところで、吉田さんや皆さんと話してたのは、やっぱそれぞれかなり違う、土台も違うし、考えてることも違う。その中で、どういった論点を結びつけていけるかなっていうのを、僕の1つの仕事かなと思って、今回

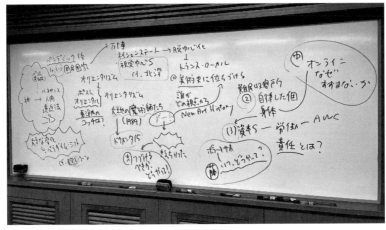

写真1-4-1　本講師による応答と論評のメモ書き　　撮影：吉田隆之

はお引き受けしました。

　パンデミック後には、何が変わるかっていうことを、大きな変化をちょっとあげつつ、そこと皆さんの話っていうのを関連付けながら、最後、パンデミック後のトリエンナーレいうことで考えていきたいなと思っています。それは世界的にもっていう意味でもあるし、アートにおけるとか、アートの文脈でもっていうこともあって、両方論点はあるのかなと思いつつ、それはちょっと、あんまり厳密に区分けせずに考えていきたいなと思います。

[4-1] パンデミックが芸術に与えた影響

　最初に、パンデミックって結構やっぱり大きいところで、人間の認識が変わる。どれくらい疫病っていうものが、人間の認識を変えてきたかっていうと、たとえばペストというものがあって、これははっきりとした論証ができるわけではないんですけれども、ダンス・マカブルとかっていう、風刺画、みんな髑髏で歩いてるとか、いわゆるメメントモリといわれる人間は死ぬものだという自覚に由来する絵画です。これは結構、僕たちもどうせ死ぬって思ってるけど、本当にどれくらいどうせ死ぬって思って生きてるかっていうと、生きている時に心から「死を思う」ことは僕はできないんじゃないかと思ってるから、逆にあんまりメメントモリ感っていうのは、僕

第1章 ビエンナーレ・トリエンナーレの行方　　49

はちょっとよくわかってはいないんです。でも、いずれにせよ、そういった
ものが出てきた時によくいわれることは、この神様が中心の世界から、生
きている間っていうことは、人間の認識がフォーカスしてきたので、人間
中心的なアートの概念が生まれてくる。そうすると、こう神様をこう描いて
いくっていうようなところから、その人間の生活が描かれて入ってきたり、
もしくは風景っていうものが、絵画の主題として出てくるんで、それは人間
が見ているものとして、遠近法もそうですけど、人間の目から見た世界っ
ていうものが描かれるようになってくるっていうようなことがあって、そうす
るとルネサンスが花開くっていうような、ざっくりいえば、そういった議論を
する人もよくいます。つまり、何がいいたいかというと、神様っていう概念
自体が、大きく変わるっていうぐらいに、認識の変化を、その疫病が起こ
してきた部分があるということです。じゃあ、パンデミック後に、どういった
変化があるかっていうことを、ちょっと考えてみたいと。

ネイションステイツとオリエンタリズム

　ここで最初に、吉田さんのご発表から考えていきたいのは、やっぱり、
その国民国家、ネイションステイツっていうものの概念というのは、これから
らどんどん変わっていく。それはオンラインっていうものが、当たり前だっ
たり、昔はzoomの会議って、変な感じだったけれども、今は、全然、当た
り前だし。そうすると、別に地球の裏側でも、普通に話せるようになってく
る。すると、国家っていうようなある種の領域に囲まれた、国民国家ってい
う概念みたいなものも、すごく、強く生き残ってるし、いわゆる世界中で、
どこを見ても、日本も含め、ある種の排他的なナショナリズムっていうもの
が、逆張り的に出てきている部分もあるっていうのは、たとえば、（アルジュ
ン・）アパデュライなどの文化人類学者とかにいわせると、最後の、断末
魔的な、ネイションステイツっていうものの概念が崩壊しかけてる部分が
あるっていうようなことをいっています。その中で、どういう風にパンデミッ
ク後のトリエンナーレっていうのが、変わっていくかっていうことを吉田さ
んの発表に応答して考えていきたいなと思います。
　吉田さんは、オリエンタリズムというテーマを投げかけてくれました。僕

は今ここをすごく考えていて、吉田さんが説明してくださったように、東洋から西洋に向けられたオリエンタリズムっていうのは、ある種、偏見とか、ステレオタイプに近い言葉で使われるんですけれど、一番大きな違いは、先に絵画とか小説とかを通じて広まったイメージが存在すること。その中で描かれた東洋っていうのは、すごく受動的で、非文明的で、ある種劣っているみたいなイメージが出てくる。そうした劣っているイメージに従うように、実際の植民地支配とか領域の実効支配っていうのが行われる。つまり、実際の手が出る方よりも 先にイメージの方があるっていう、イメージの方が先に現実を作り出すっていう逆転現象がオリエンタリズムの中では起きています。

ポスト・オリエンタリズム

　一方、僕がイギリスで学んでいた時に、オリエンタリズム以降の概念っていうのも結構出ていて、たとえば「ポスト・オリエンタリズム」(ハミッド・ダバシ) という議論の中では、西洋と東洋っていうある種の二項対立っていうものを、逆に強化してる側面があるとして、オリエンタリズムの議論を補っていくこととか、たとえば「オリエンタル・オリエンタリズム」(菊池裕子) っていう概念があるんですけど、これは結構日本の僕もよくわかるんですけれども、逆にそのオリエンタリズムっていうイメージを自分で受容して、何かそれを戦略的に使っていくというか、東洋の中で、ただ押し付けられただけじゃなくて、ある種共犯関係的に、自分たちで積極的に受け取ってきたオリエンタリズムのイメージっていうのがあるんじゃないかとか。オリエンタリズムの議論っていうのも、今、すごく発展している部分があるような気がします。とはいえ、古典的なオリエンタリズムの議論、エドワード・サイードの議論が投げかけたものっていうのは、決して古びてはいないと思っています。そこで、「ドクメンタ15」というのをちょっと考えていく時に、僕が参考にしたいなと思うのが、美術史における「大地の魔術師たち」っていう展覧会の位置づけです。これが1989年に行われて、1990年以降のいわゆる芸術における多文化主義の皮切りになったと。ここには、実は前段階があって、アメリカで「20世紀のプリミティズム展」という

展覧会が1984年に行われます。ここですごく批判されたのは、アートの中に、たとえば非西洋地域の伝統的な呪術とか、宗教的なものも入れ込んだんだけれども、たとえば、欧米の作家は誰々っていう名前であって、だけど、非西洋のもの、非欧米のものは何々族とか、部族でまとめられるとか、やっぱり、そのヨーロッパ中心的な視点、もしくはコロニアリズム的な視点がまだ残っているということで、文化人類学者とかいろんな人に批判されるわけです。それに対して、ある種アート界からの応答として出たのが、「大地の魔術師たち」といわれています。ポンピドゥー・センターでなされ、ジャン＝ユベール・マルタンというフランスのキュレーターが中心となって企画したわけですけれども、ここでは、たとえば、リチャード・ロングの作品とある部族の作家の作品を、円をモチーフにした作品がこう並べられたりして、しかもこう、〜族みたいな感じじゃなくて、みんな個人として平等には扱われる。しかも、セクションを区切って、「欧米と非欧米」みたいな並べ方にするんじゃなくて、全部ごちゃごちゃに、こう形態的な類似性とかそういったものから比べられていたということです。ただし、西洋の民族集団は「〜人」なのに、非西洋の民族集団は「〜族」と呼ぶのも、そもそもはおかしな話ですよね。そこにも西洋中心性が残っている。そうしたことなど、いろんな批判はあるんだけれども、やっぱり評価されてるものだと。

欧米的なるもの

　ここで僕は、アートという、吉田さんの指摘のように、やっぱり西洋中心的なヨーロッパのプロダクトであるアートという概念が、結構、「半透明」になってきたような印象があります。なのでこれを結構、僕たちは面白いものとして見られる。ドクメンタが投げかけた問いとして僕が思うのは、とはいえ、「大地の魔術師たち」はフランス人のキュレーターがいて、これまでのドクメンタにももちろんカッセルってドイツですけど、キュレーターの人から、企画から、結局、コアにはやっぱり欧米的なもの、欧米中心的なものが残っている、アートなるものが残っていたというところがあったと思うんです。それが「ドクメンタ15」では、このコアをある種手放したわけで

すよね。もう全部の、もうスタートから、選んだのは、もちろん上の人かもしれないけど、ルアンルパが初め、たとえば、展覧会の開催の仕方とかも、吉田さんが例にあげてくださったようにも、ちょっとずつ上に上がっていく、もしくは、トップダウン式とかじゃなくて、みんなでやろうみたいな、ことをやったわけです。アジア的な手法という風に、集合知的な仕方でした。先ほど言ったコア部分を完全にヨーロッパが手放した状態だと思うんです。そして、何が起こったかっていうと、このアートっていう文字が消失してしまった状態なんだと思ってるんです。僕自身も含めて、僕がイギリスにいた時の友人に聞いて、面白かったのは、「まずアートじゃない。だからなんていったらいいかわかんない。面白くはなかった」と言っている人は結構多かったんです。その試み自体は評価するけれども、やっぱりヨーロッパ中心的に、僕も一緒で、僕も自分で本を書いてて、脱中心化とか、脱欧米中心みたいな脱中心をずっとやってくんですけど、自分でやっぱ本読んでても、選んでる作家の感じとか、なんかアジア人でもちょっと、なんかやっぱ欧米の視点入ってんなみたいな、僕はすごく自分でも思うし、現代アートというものはやっぱ学ぶ上でどうしても抜き去り難く入ってくるもので、それを全てドクメンタのルアンルパは放棄したというか。つまり、欧米によって役割として期待されていた（欧米が期待する）アジア的なものも放棄したために、アートというものが消えてしまった。だから、みんなアートとしてどう評価したらいいかわかんない。なぜなら、皆ただ喋ってるだけで、ただ何らかのバナーがあるだけで、みたいな感じで、その作品じゃなくて、「アートじゃなくて友達を作ろう」ってスローガンが象徴するように、そういった状況の中でもアートというものが、なくなっているんじゃないか。欧米中心的な現代アートで、これは、やっぱり二項対立を考える上でジャック・デリダがいっていたことは、その二項対立の場合、たとえば、ヨーロッパとアジアというもので、アジアがヨーロッパの合わせ鏡として生まれた概念であるというのは多分間違いないと思うんですけど、今度、その脱中心、ヨーロッパ中心化というものをマックスまで押し進めて、それが成功した時に自分も消えちゃうみたいな。よく映画とかであるじゃないですか。なんか、最後の敵倒した時に自分もいなくなっちゃうみたいな。

第1章　ビエンナーレ・トリエンナーレの行方　　53

そういう状態が起きてるような感じがするんです。この時に、自分たちがというか、現代アート界はというか、トリエンナーレはどういう道を歩んでいけばいいかっていうのを、ちょっと難しい質問なんですけど、吉田さんの意見を聞きたいなと思っていて。つまり、このままヨーロッパは、そして非ヨーロッパは脱ヨーロッパ中心化というものを推し進めていくべきか、もしそうなら、じゃあどうやって、みたいなところ。この先っていうのは、やっぱりこのオリエンタリズムに関わるすごく重要な議論だと思っています。しばらくはやっぱり、この方針も入れるべきだと思っているんです。一方でですね、とはいえ、僕はなんかその欧米的なものの全てを、いわゆるよくいわれるっていう、赤子の水と一緒に、赤子も流しちゃうみたいなやり方として、全部なくしてしまうみたいなものっていうのが、果たして最適解かというのは、ちょっと疑っているところがあります。

美術史に位置づける

　そこで、つぎに中村さんの話に飛ぶんですけど、おっしゃっていたとおり、万博というものが、すごく重視していたものの1つが、まずはネイションステイツです。それからもう1つは、これは、北澤憲明さんの『眼の神殿』[1]とかに書いてあるんですけど、近代美術の視覚中心主義ですね。つまり、万博の中で、こういうバーンっていう、ガラスケースですね、これは見ることはできるけど触ることができないっていう装置なので、つまり、その中で工芸的な、ちょっと触ったり使ったりするっていうものが美術の中から排除されていき、ガラスケースの中で眺める絵画とか、もしくは彫刻っていうものが、美術の中心として競り上がってくる。そういった中で、この視覚中心主義っていうのも、一緒にやっぱり、これからパンデミック後、解体されていくものになるのかなという風に考えています。

　あいちトリエンナーレの面白かったところは、たとえば、脱中心化的な部分と、もしくは、中村さんの話で、「美術史の中に位置付ける」っていう言葉があったんですけど、この美術史というものは、当然ながら、主にヨーロッパによって作られた、ヨーロッパ的な文脈というのが、今は支配的だと思います。これは美術史の中で、特に80年代以降、ニュー・アート・

ヒストリーみたいな流れの中でだんだん解体されてはきてるけど、この美術史の中に位置付けるというのは、僕は、個人的にはポジティブに捉えていて、別に中村さんがいるからいうわけじゃなくて、ポジティブに捉えていて、このアートというものの、欧米が作ってきた良き部分みたいなものっていうのと、そのローカルの部分っていうのをうまく融合させながらやっていくうえで、その美術史的な文脈っていうのは、それは欧米の美術史だけじゃなくて、非西洋地域の美術史も含めて、歴史的な位置付けっていうものは結構重要なんじゃないか。理論的なフレームっていうのは重要なんじゃないかなと思うんです。ドクメンタにおいて、僕がやっぱり、ちょっとつまらないなと思ったのは、多分、その理論的なフレームを結構手放してるように思ったというか、なんかそこの部分っていうのは僕はあったらいいなとか思っちゃったりして、そうなった時に、その愛知の取り組みというのはとても面白く見えました。

自立した個について

　もう1つ、その時に出てきたのは、パンデミック後に解体されたものとして、「自立した個」で、これは藤原さんの話も出てきたんで、このまま3番目に飛びたいなと思ってるんですけど、特に僕が思ったのは、難民収容所の作品ですよね。これって、たとえばジュディス・バトラーとかのアセンブリとか、ブラック・ライブズ・マターもそうだけれども、僕がやっぱり1つ疑問に思ってるところは、集まるっていうことは、自立した個で、身体を持って、はっきりとした輪郭を持った人間っていうのが、プロテストの主体とされてるっていう部分に、僕は少し違和感を覚えてます。シャワンダ・コーベットっていう作家がいて、彼女のインタビューをしたことがあるんですけど、彼女は先天的に身体に障害を抱えていて自由には動けないんです。インタビューで、ブラック・ライブズ・マターの話をした時に、自分たちは、なかなかあそこに出ていけない。たとえば、そこでいわゆる「健常者」と呼ばれる人たちは、3時間ぐらい、水を飲みつつ頑張って、たとえば町に出ていって、たとえば、ちょっとお手洗い行きたい時には、お手洗いに行き、コンビニ借りようみたいなことができる。僕もできるんです。

第1章　ビエンナーレ・トリエンナーレの行方　55

だから、わかりにくいけれども、そのためにすごく、僕、それで学校に車椅子の友人と一緒に、自分の大学の悪口みたいになるんですけど、行った時に、もうとにかくトイレをする場所が見つからない。「障害者用」という名目で作られたものも、結局なんかちゃんと機能してなくてみたいなことで、本当にそれも大事だということは、そういう人たちは、これはプロテストにそんな簡単に出てこれないぞ、みたいなことになった時に、「健常な」身体を持った自立した個じゃない人たちの連帯、たとえば、もっというと、アンジェラ・デイヴィスのようなアクティビスト・研究者たちがずっといってきたように、監獄っていうものはそもそも人種差別的な制度で、黒人と白人の人種的な差異の中で、その監獄のシステムっていうのは、黒人の入所率っていうのが圧倒的に高い。そういうことを考えた時に、あそこに閉じ込められてる人もいるんで、難民収容所もそうだし、そうなった時にすごい面白いなと思ったのは、そういった人たちとの非身体的な連帯の想像力みたいなものっていうのを形作るアートのプラクティスっていうのがあり、実際にオンラインでの取り組みがあり、ある種、僕はアートの方がその意味では進んでいると感じています。今日は、その自立した個が、身体、はっきりした輪郭を持った身体っていう考え方も、パンデミック以後、特にオンラインとかの発達によっては進んでいくんじゃないか。一方で、僕は中村さんに、ちょっとキュレーターの立場から聞きたいなと思ったのは、パンデミック後、すぐにやったシドニービエンナーレ、あれは完全にオンラインだったですが、あれ以降、ほとんどオンラインの試みっていうのは、進んでいない。もちろん、以前よりは出てきてるけど、やっぱり、このバーチャルっていうものに対する、進まなさっていうのがあると思うんです。それを、ある面でクリアしていきつつ、バーチャルと非バーチャルがうまく融合するようなものっていうのがもっと定着していけばいいなと思ってるんですけど、なぜ進みにくいかとかっていうのは、たとえば、もうちょっと運営的な視点からもあるかもしれないし、鑑賞者の視点かもあるかもしれないですけど、この辺ちょっと中村さんのご経験から伺いたいなと思いました。

ボランティアとサポーター

　藤原さんのご発表も、すごく面白かったです。本当に自分の足を使って調査されて、人の話を実際に聞いてっていうのは、僕、カルスタの人なんですけど、カルスタのすぐ理論に頼る人から見たら、学びたい姿勢だなと思って、ものすごく、しっかり地に足をつけた、リサーチで、論文ちょっと読んでみたいなって、すごく思わせてくれました。そこで、藤原さんがおっしゃっていた、「自立した個」っていうものを前提としないようなボランティア、サポーターのあり方っていうのをお話ししてくれた時に、たとえば、オンラインのミーティングとか、色々なものが出てくるっていう、こうした中村さんと藤原さんの発表の連続性が面白いなと思ってました。藤原さんに先にちょっと質問として、聞きたかったのは、ボランティアとサポーターっていうのは、もちろんシームレスにつながってると思うんですけど、僕が個人的に聞きたかったのは、いつ、どうやって、ある種、突然、サナギが蝶になるように変化するわけではないと思うんですけど、主に藤原さんが、いろんな話を聞いたりしたとき、どういうきっかけで、たとえば、どういうプロセスを経て、ボランティアからサポーターになっていくのか、ある種、その生成変化っていうものが起こる。もしくは、ちょっとこれ僕の関心からなんですけど、逆はあるのかっていうのはちょっと聞きたいなと思いました。つまり、結構深くコミットしてる人が、少し距離をとってくるみたいな。これは中村さんの話、やっぱ、僕は面白いなと思ったのは、それぞれボランティアのモチベーション度によってちがいをつけていくみたいなのは、僕はすごくいいような気がしていて、これもある種、自立した個っていうものに対して対抗している部分があると思うんです。すごく、日常的にできる人とそうでない人が、たとえば、家で、たとえばケアでいうと、介護をしなきゃいけないと、たとえば、他にそういった、子どもを育てて、それをやりながら、ちょっと来て、たまにやってみたいなものも、僕はそういう余地があるといいなと思っていて。なので、逆、戻るっていうような現象は、藤原さんが今のリサーチとか発表の中で想定されてるのかっていうのは、ちょっと聞きたいなと思いました。

資本主義の中で生きる

　最後に3番目として、資本主義というものが、変わっていくような余地というのはあると思っているんです。そこで、ボランティアというのは、とても重要な要素だと僕は考えています。それは、たとえば、お金というものではないものに、ある種、生き甲斐を見出すとか、自分の楽しさとか、老後だけでないかもしれないけれども、何かちょっと金銭的なものとは違った形の報酬っていうものが与えてくれる存在っていうのは、もしかしたら、この芸術祭っていうのは、すごく大きな軸になるかもしれないっていう風に考えました。その時に、ちょっと、みんなで話していくか、ちょっとまた別のところでっていうことかもしれないけど。一方で、そのアーティストの労働の問題というのは、とても大きな問題になっていると思います。その作家が、あんまりちゃんと支払いをもらえず、参加できるんだから、これだけでかい展覧会で、みたいな形で、ちゃんと対価を支払わないパターンというのも今までで、それを改善していこうということで、作家イコール労働者として、ユニオンを作ったりっていう活動が、僕と同じ世代の作家たちの中で行われています。その時に、一方で新自由主義的な資本主義的なものっていうのは抵抗しつつ、とはいえ、資本主義の中で生きていかなきゃいけないアーティストも、どうやって金銭的にサポートしていくかっていうことは、これは矛盾することではないと思っていて、こうしたサポーター、ボランティアの意義っていうものを認めつつ、こっちの問題っていうのも同時にしていかなきゃいけない。

　その時に、ちょっと、ふと思ったのが、責任という言葉ですね。國分功一郎さんの議論の中で、「意志と責任」っていう言葉が出てきたと思います。中動態概念って言語学者の（エミール・）バンヴェニストから多分、来てると思うんですけど、中動態概念を出してくると、考えなきゃいけないのは、意志と責任の概念が変わってくるって、國分さんはおっしゃってて、つまり、何かをする、中動態って、自分の意志だけじゃないけど、でも完全に強制されて何かをしたわけではなくて、もう絶対嫌だ嫌だっていってんのに、ものすごい脅されてやったわけではないっていう、その真ん中を取っていくと思うんですけど、そうすると、自分の意志でやったわけでは

ないけれども、100パーセント、でも自分の、誰かが全部やらせたわけでもない。その時に、じゃあ責任というものをどう考えていか。その時に、藤原さんの発表で川俣さんがいっていた、責任をっていう部分っていうのの、この責任の概念っていうのは、どう考えていけるかっていうのは結構大きいと思っていて。つまり、ボランティアたちだけが、もちろん全部責任を負うわけじゃないし、責任を持ってちゃんとやるっていうのは大事なことだと思います。その意識っていうのを、みんなで、育てていくっていうのは重要だと思う。それで、おっしゃっていた市民社会っていうものを作っていく土台になるので、それはやっぱり自発的にできてくる部分だと思って、市民社会が最終的には、さっきいっていた人種差別とかナショナリズム的なものに対抗する1番大きな土台になると僕は思っているので、その意味でもすごく重要だと。一方で、資本主義的なものの労働の概念とか、責任っていうものの概念をどう捉え直すかみたいなことっていうのは、みんなで考えていくべき課題として、あるんじゃないかなっていう風に思いました。

注及び引用文献：
 1）北澤憲明『眼の神殿―「美術」受容史ノート』ちくま学芸文庫，2020年

5. パネルディスカッション、質疑応答

パネリスト　中村史子・藤原旅人・吉田隆之

ディスカッサント　山本浩貴

吉田　山本さん、ありがとうございました。私たちの話を2倍、3倍に価値づけていただいた得した気分になりました。領域横断的な議論をやる意味を確かめながら、ディスカッションをしていきたいと思います。順番的には私がまず答えていきましょうか。

　難しいけど面白い問いをいただいたという感じです。このドクメンタに対する評価というのは、本当に自分では言い難いことを、山本さんに見

事にいい当てていただいたという感じで、会場の方も同じような思いを抱いた方が少なくなかったのではないかと思います。そうですね。迂回しながら答えていってもいいですか。

　ルアンルパが「あいちトリエンナーレ2016」で招聘され、その際に私もルアンルパの企画に参加したと言いましたけども、実は、少しうまくいかなかったようなところもあったんですね。そもそも、長者町の会場で、ルアンルパが英語話者なので、なかなかコミュニケーションが取りづらかったというところがあります。また、アーティスト育成ということを目的としたが、人数も4グループだったかな、それほど集まらなかったのです。とはいえ、ルアンルパの活動が、スハルト政権下の圧政の影響で、割と即興的なパフォーマンスが多かったのです。今日少し紹介しましたが、長者町の人たちは、それにヒントを得て、まちづくりで、公共空間の回復ということをやっていました。まちづくりで公共空間の回復っていうのは、うまくいかないところがあり、でもアートだったら、そういったことがやりやすいんではないかといったところから、ルアンルパの即興的なパフォーマンスに発想を得て、ゲリラ的にカフェをやったりするパフォーマンスをしたのです。それはそれで、上手くいったという気はしています。こうした《ルル学校》の仕組みが「ドクメンタ15」につながったところもあったようです。

　今回、「ドクメンタ15」では、まさにディレクターという役を与えられ、私が間近で見て、大きな舞台で最大限力を生かして彼らの仕事をしたパフォーマンス力っていうのがすごいなと思っています。彼らの言葉で印象的なのが、ホームページに書いてあるのですが、「ドクメンタがルアンルパを招待したんじゃなくて、ルアンルパがドクメンタをルアンルパの世界に招待したんだ」といっていたんです。一方ヨーロッパの芸術祭が、ヨーロッパなりのアートとは何かという限界を感じて、ルアンルパにディレクターの機会を与えた。もちろん、うがった見方をすれば、オリエンタリズム的な視点もあるかもしれない。が、そこにルアンルパと、ドクメンタの主催者とのせめぎ合いがあって、ルアンルパとしては、そもそもヨーロッパが前提とする「アートとは何か」という土俵にも乗らない。そういった彼らのすごみというか、ルアンルパがヨーロッパ人をリトマス試験紙で試しているのでは

ないか、彼らの神業的なところも感じた次第です。

　「ドクメンタ15」のような芸術祭を続けるべきかどうかというのは、同じことをすれば、二番煎じにもなるし、次やるとすれば、アジアでやらないと、いうことかなと気もします。今回ルアンルパがやった挑戦は、ヨーロッパの土俵を借りてやったことで、アジアでやるのが次のステップかなという気がするが、アジアで「ドクメンタ15」並みのことができかどうかというのは、まだまだ難しいところがあるのかなって気もしています。ただ、そのスピリットっていうのは、日本でも学ぶところがあるんじゃないかなと思っています。特に、私自身は、芸術祭を研究しているが、やはり芸術祭の限界ってあると思うんですよね。特に、日本の場合は、ブルドーザー的なところもあり、乱立してるとこもあり、これから色々、差異化を出して、特徴を出して、いかに持続可能な仕組みを作っていくか、考えるべき時期にあると思うのです。おそらく小さい規模の方が、そういったスピリッツというのは取り入れやすくて、小規模でのアートプロジェクトだからこそ、実験的に、誇りとプライドを持って、たとえアートの文脈にのらなくても、自分たちの目の前の課題に向き合って出てきた、やるべきことっていうのを正々堂々とやっていってもいいのではないかと思っています。中村さんは、芸術祭やアートプロジェクトの批評がなされない中で、「あいちトリエンナーレ2013」のNadegata Instant Partyの作品《STUDIO TUBE》の美術批評に取り組まれましたよね。一方で、美術史文脈にのりながら作品を作られているが、わけのわからなさが、理解されてない部分もあります。私自身は、Nadegata Instant Partyに、ボランティアとして参加したんですが、あまりあのような作品って海外にない気もして、日本独自のオリジナリティある、独創性ある作品を、もっと自信を持って、やっていくと良いのではないかという感じです。よかったでしょうか。

山本　ありがとうございます。すごく面白かったです。やっぱり、おっしゃったように、結構、今回、ルアンルパがやったことは、飛び道具的なところもあるというか、全く同じことをやっても多分問題提起としては弱くなってしまうという中で、どうそれを1つずつバリエーションを増やしていきながら、こうやって欧米で蓄積された成果も活用しつつ、脱中心化、脱ヨーロッパ

第1章　ビエンナーレ・トリエンナーレの行方　　61

中心化っていうものを進めていけるかっていうのは、さっきおっしゃった別の場所であるとか、色んなバリエーションがこれから、少なくともドクメンタのルアンルパが提起した問題っていうのが、そういう形で広がっていけばいいなっていう風に感じます。ありがとうございます。

吉田　では、つづいて中村さんの方からお願いします。

ゲームチェンジはできるか

中村　そうですね、はい。今の話につなげていきますと、ヨーロッパやアメリカの芸術のシーンでは、あえて非欧米圏の人たちに来てもらうのが、良くいえば多様性の重視、悪くいえばそうやって非欧米圏出身者をこんな大きな舞台に招聘するなんて、さすがドクメンタだ、みたいなイメージ戦略もやはりかなりあると思うんですね。それをおそらくドクメンタ側も狙ってルアンルパを招いたところ、自分たちが期待する以上のゲームチェンジをされてしまった、というところから、色々、議論が湧いたのではないかと思います。おそらく今後も、そういう欧米のインスティチューションや芸術祭が、非欧米圏から人を招くというのは、頻繁になされると思いますし、それ自体は非常に良い試みですが、今後は、きっと、ルアンルパのようなゲームチェンジはしてくれるな、ゲームのルールはこちら側が作るという、そういう風な、なんでしょうね、仕組みが強化されるのではないかという懸念も抱いています。ですので、私が感じているのは単純に非欧米圏の人たちが大きなところで活躍していて素晴らしいという無邪気な喜びだけではありません。

　つづいてオンラインの話ですね。先ほど山本さんも、オンラインと実際の現場という、単純な二項対立ではないってことをおっしゃっていましたが、実際、芸術祭も、かなりオンライン、今普及していますね。レクチャーやミーティングの類いは、ほとんど今オンラインでやることが多いです。自立した個ではない不特定多数の人たちの参画という意味でも、これまでは、決まった時間に、ボランティアになりたい人は全員、どこか市民ホールに行って、研修を受けなきゃいけなかったのが、オンライン化されることで、日中は動けない人であるとか、あるいは、なかなか家族の事情で家

を空けられない人であっても、家でそうやってボランティア研修を受けられるようになったなど、色々、何らかの弱さを抱えた人たちの可能性の拡大という意味でも、非常に有意義なのではないかなと思います。そうですね、レクチャー、ミーティング、あと記録やアーカイブをオンラインで残すということも、非常に今頻繁ですし、あとは広告宣伝では、やはり、オンライン上でいかに、そのイメージを流すかというのも、非常に重視されているところですね。

　ただ、あれですね。それなのに展示のオンライン化というのがなぜ積極的になされないのかという点について、これはあくまで経験則なんですけれども、やはり展示というのは、時間芸術じゃなくて、空間芸術だからかなと思いますね。おそらく、皆さん美術館に行って1時間、その美術館内を回って何か展示を見たりするっていうのは、それほど苦痛ではないと思うんですけれども、展示空間を映した動画を1時間見るのは、かなり苦痛だと思うんですね。それを見るぐらいだったら、美術や文化をテーマにした映画なり、他のちゃんと番組として作られたコンテンツを見る。これらのコンテンツは時間芸術としてできているからなんですよ。というわけで、純粋にその展示空間をただ映したオンライン上のものを見るのは、今の技術では辛いので、今後、何らかの編集や撮影技術革新に伴って、1時間とか2時間見るのが苦痛ではないようなオンライン展示というものが、なされるなら、もしかしたら、それは、流行っていくかもしれないですけれども、それが展示なのか、それとも、映像コンテンツなのかは、極めて線引きが難しいところかなと思います。

マーケット的なアート

山本　ありがとうございます。確かにそうだなと思います。僕も伺いたかったのは、オンラインによるボランティアとか参加の形態が広がっていく中で、鑑賞のオンライン化っていうのがなかなか広がらない現状っていうものに関して、どういうお考えなのかなっていうのを聞きたくて質問しました。やっぱり今おっしゃってたように、空間性っていうものは大切で、それは主に身体をベースにしているところがあって、自分で触るわけじゃない

けど、動き回って角度変えたりして見るみたいな、やっぱりそこがすごく身体性みたいなものが重視されてるっていうのが、明確に鑑賞のオンライン化が進みにくい部分なのかなと思いました。でも、中村さんもおっしゃったように、技術の革新と共に、もしかしたらそういったものを解消できる、少なくとも今よりも緩和できる可能性は、大切にしたいなと思っています。その理由としては、やっぱりいろんな人から話を聞くと、特に鑑賞に関するオンライン化が進んでいる領域って、マーケットがほとんどなんですよね。千、2千万とか、億とかじゃなければ、コレクターはオンラインで、まあまあお金持ってる人だったら、ポチポチ買ってくみたいな。それはそれで、マーケットを全て、さっきも資本主義の話をした時言ったんですけど、「悪」だとはもちろん思っていない。一方で、やっぱりそのマーケット的なアートっていうものと、より鑑賞して考えてっていうアートっていうのが、オンラインの空間の中では、せっかくオフラインの方の空間っていうのが結構統合されてきた。いろんなアートマーケットで、参加型のアートとかレクチャーやパフォーマンスとかがあったりしたり、うまくその美術館展示でも、なんか、オンラインとかマーケットみたいなのをつなげるような展示が出てきたりっていう、その融合ができてる中で、オンラインの方はどんどん急速に分離していくみたいなところっていうのは残念だなと思っています。そのギャップの解消の意味でも、鑑賞のオンライン化っていうものを、その技術とかいろんな工夫で乗り越えていけるっていうような可能性が今よりも出てくるっていうのは、僕は少し希望なのかなと思いました。

中村　そうですね。ポジティブな変化として今、思い出したのはですね。映像作品が長くて展示会場では見切れないよ問題の解決策。最近のアーティストの中には、映像作品を会場にも流すけれども、会場でQRコード等でアドレスを示して家でもオンライン上で同じ作品を見られますっていう風にされている方もいますね。それは、すごく理にかなっていると思いますね。

ボランティアからサポーターへ

吉田　では、つづいて藤原さん。3つ目の問いについて、お願いします。

藤原 はい、ありがとうございます。ボランティアからサポーターへいつどうやって展開していったというのは、先ほど少しお話ししましたが、2005年に開催された「横浜トリエンナーレ2005」が大きいと思います。

横浜トリンナーレと、札幌国際芸術祭は、このボランティアとサポーターの変遷を見る時に、とても面白い事例だと思っています。毎回、ディレクターが変わるので、そのディレクターによって、サポーターの担う役割が変わっていきます。特に、「横浜トリエンナーレ2005」でいうと、川俣正さんが総合ディレクターに就任してサポーター制度がつくられ、その後を同じく「横浜トリエンナーレ2005」のキュレーターのお1人であった山野真悟さんのもと、NPO法人の黄金町エリアマネジメントセンターが黄金町のエリアマネジメントをしつつ、最近まで横浜トリエンナーレのサポーター運営も担っていました。山野さんは川俣さんのつくったサポーター活動の考え方を引き継いでいたと思っています。

こう考えると、「横浜トリエンナーレ2005」はとても重要で、その後の国際芸術祭を担う人材が揃っていました。総合ディレクターが川俣さん、キュレーター陣に芹沢高志さん、天野太郎さん、そして山野真悟さんがいらっしゃいました。それぞれその後の国際芸術祭のディレクター、あるいはプロデューサーを担っていく方々です。

2005年以前のお話をさらにすると、2002年に北海道でとかち国際現代アート展「デメーテル」が開催されていて、この国際芸術祭では芹沢さんが総合ディレクターで、アーティストに川俣さんが招聘されていました。そして、この国際芸術祭ではデメーテル学校というプログラムもあり、ここで市民の教育の場をつくることがはじまったと思っています。そして、「横浜トリエンナーレ2005」の中では、「トリエンナーレ学校」という教育プログラムが展開していきます。こういった大きな転換点を「横浜トリエンナーレ2005」が果たしたと考えています。

そして、労働問題に関しては、ボランティアやサポーター活動の中で最近よくいわれるのが、やりがい搾取という言葉です。これは最近、アートプロジェクトや国際芸術祭の現場でもいわれていて、これを解決するには、いろんな問題が含まれていますが、このやりがい搾取には、2種類あ

第1章 ビエンナーレ・トリエンナーレの行方　65

ると思っています。小さなやりがい搾取と、大きなやりがい搾取です。

　小さなやりがい搾取は、現場で、そのコーディネーターやスタッフとボランティアやサポーター参加者とのコミュニケーション不足が生んだやりがい搾取です。これを解決するには、その参加者は何をしたいのか、何を希望しているのかいうことを理解し、コミュニケーションをとることが解決につながります。

　大きなやりがい搾取としては、ボランティア制度として改めて検討することが必要です。こちらはこれから考えなければいけないことだと思います。そこに、先ほどお話ししました責任についても関わってきて、この責任の不在も、やりがい搾取の問題に大きく関わってくると思っています。

　以前に、神戸大学（当時）の藤野一夫先生のもとドイツの文化政策研究者と交流し、このボランティア、サポーターについて研究発表する機会がありました。ドイツの研究者、実践者からも、この日本特有のボランティア、サポーターの関わり方に、大きな反応があり、こういう市民の関わり方があるのかと言われたことがあります。欧米型の責任を明らかにした市民の関わり方を考えることも必要だと思いますが、このまま、日本特有の市民の関わり方として、ボランティア活動やサポーター活動を展開していくことがいいと、現時点では考えています。

山本　すごい面白いなと思って、今、聞いていました。そういう形でいうと、結構、ある種、責任っていうものとか、ある日本的な部分、吉田さんがおっしゃった、アジア的な部分っていうものを、はっきりと確定できるわけじゃないけど、そういう緩やかなものとつながりながら展開していくと、すごい面白いなと思います。

　藤原さんもおっしゃったように、やりがい搾取の問題っていうのにもきちんと対処しつつ、それでもやっぱり何か、金銭的なつながりではないやりがいの形っていうのは、やっぱり今、資本主義っていうものが考えられている中で1つ重要な要素だなって思うし、それをうまくどう学問の側でも色々考えていけるかっていうのは、すごく重要で続けていくべきだなって感じました。

新しい参加の形

山本 最後に斎藤幸平さんも触れていたと思うんですけども、僕が今考えてるのは、やっぱ、斎藤さんっていうのは、やっぱコモンっていうあり方を考えていて、やっぱり、お金には変えられないものを、共同で管理していくか、運営していくか、民主主義的にしていくかっていった時に、いきなりコモンっていうあり方をすると、やっぱ日本のオーディエンスって結構戸惑っちゃうと思うんですよね。じゃあどうすればいいの、と。そういった時に、もう少し緩やかなつながりでみんな話す場みたいなのを作ることが必要なんじゃないかなと思っていて。斎藤さんも最近アソシエーションについて話されていたと思うのですが、なんかその1つにこのボランティアとかサポーターのつながりっていうのも、なるんじゃないかなっていうのを最近考えてます。

吉田 それに関連して、私から事例紹介と質問を1つさせてもらってもいいですかね。実は「あいちトレーナーレ2010」の時に事務局にいて、「ボランティアをどうするのか」という議論にも関わったりしてたんですね。その時にあった議論が、愛知の事務局から見ると、横浜のサポーターがややハンドリングし難い状況に見えた展開もあり、それを事務局が警戒したんですよね。そもそも、愛知県に限らないと思いますが、あいちトリエンナーレがボランティアを使う発想は、予算に限りがあるからで、藤原さんの言葉を借りれば、やりがい搾取というところから始まっていると思います。監視業務など最低限必要な仕事を、ボランティアを雇うことなく、全てを行政がお金を払ってやったら、大きな金額になります。一方で、やはり自立した個人っていうのかな、そういったことも考えて、私はサポーター的な、ボランティアっていうのをあいちトリエンナーレの中で、位置づけたいと考え、サポーターズクラブというのを作ったんですよね。

　ボランティア管理業務にも携わる中で、ボランティアの中には、「座ってるだけでよい」いう人たちもいたんです。愛知万博から流れてきたボランティアの方もいて、そういう人たちは、与えられたルーティンの仕事をお手伝いする万博のボランティアの旧態依然としたイメージがあったように思います。参加とか、交流とか、いろんな参加の仕方が、これからの万博

にもあるのではないか」と中村さんが言われていたが、旧来型の万博の
ボランティアのイメージを引きずっていた人たちかもしれない。それに対
して若い人たちの中には、もっと自分たちで、色々工夫して主体的に関わっ
ていきたいという方もいました。彼らのニーズも聞いてサポーターズクラ
ブを立ち上げ、自分たちでなにか企画を考えて、芸術祭の中で実現して
いったのです。さきほど国際芸術祭「あいち2022」で紹介されたリサー
チにも近いことができていたんですね。そういったことをやり、しばらくは
事務局からもサポートを得て、続いていた。だが、一部の人たちで、やっ
ぱりメンバーが固定していくので、事務局のサポートを得られくなったりし
た。でも、結果として、彼らが自分たちでアートコミュニティのグループを
作り、若い人たちが、長者町でアート活動をしていくきっかけにもなって
いったんですね。

　そして、質問なのですが、あいちトリエンナーレについていえば、ある
意味ボランティアのやりがい搾取みたいな形で始まったところもあるのだ
が、埼玉にせよ、札幌せよ、そういう欧米とは違った形で、ボランティア・
サポーターという、日本で独自に発展し、そういった新しい参加の仕方と
いうのを提示しているようなところがある。それがなんか、すごく不思議
というか、なぜ日本でそんなことができているのか。中村さんも、今日、前
半の話で参加の仕方のこれからのあり方について、とても展望ある、期
待がある話もしていただき、その辺りが、今後の日本の芸術祭の大きな
欧米にはない特色になっていくのかなっていう気がしています。その辺り、
考えることとかあれば、聞かせてもらいたいです。

余白を残す

山本　そうですね、僕が思ったのは、これはうまく伝えられるかわかんな
いですけど、ある種の緩さみたいなものっていうのが結構日本では機能
していると、ヨーロッパで過ごした経験から見てあるんですよね。その緩
さっていうものが行きすぎると、もう崩壊しちゃうんだけれども、でもどこか
「ゆっくりはじめていくか」みたいな。「日本人の特性」っていうような、そ
ういうある種の本質をえぐり出そうとかっていうわけじゃなくて、なんか、1

つのカルチャーとして、ある種の緩さみたいなものとうまく融合ができてるような気がしていて。ボランティアの話っていうのも、そういった形の、でもこれは狙ってできることでもないし、難しいんだけど、そういう状況があるのかなとは感じました。

中村 そうですね、本当、緩さというのはすごい大事な点です。ボランティアのサポーターをアーティストと一緒に仕事させるのは、主催者側からすると、それはそれでリスクもあるんですね。プロの展示業者さんだったら「朝お腹痛いので休みます」っていうのは、まずないですし、きちんとお願いした仕事は、最後やり遂げていただかないといけないんですけど、ボランティアさんですと、「やっぱり無理です」っていうケースも十分ありますし、一般の方々がアーティストの考えなどをどこまで十分に理解したうえで、それを形にできるかというのは、やってみないとわからないところがあるんですね。

　そういうリスクを考えていくと、ついつい、大人が子どもに何かを教えるように、こうしてください、こうしてください、ここはこうなんですよ、と説明しすぎてしまいそうになるんですが、そうすると、ボランティアの人たちの想像力のようなものは下がっていくし、私自身、パターナリズムに陥っているようで気持ち悪い。やはり、ボランティアの人たちが自分で考えて活動できる余白を残していく。そういうゆるさは、私も実際の現場の中で大事だなと思います。

藤原 僕はそのゆるさはとても重要だと思っています。日本特有なのは、この点はアジアにもいえるかもしれないですけど、ゆるさを生み出すアーティストや、ディレクター、あるいは中村さんみたいにキュレーションやコーディネートする人も、共創を生み出そうみたいな、そういう意思が現場であるんじゃないかと思っています。特に、アートプロジェクトや国際芸術祭がはじまって、こういう共創に特化したアーティストが日本にはたくさん出てきていると思っています。彼らをどのように評価すべきかということは最近考えているところです。

吉田 はい。すごく、このパネリストやディスカッサントとの議論が盛り上がって、気がつけばもう時間も、残すところ少なくなっています。せっかく

なので会場からの質問も受け付けたいと思います。皆さんの中で質問がある方おられますか。では、順番によろしくお願いします。

地域との関わり

質問者1（本田洋一） 都市経営研究科の客員研究員の本田と申します。今日は吉田先生、素晴らしい場をありがとうございました。コロナ禍のもと、3年ぶりにこういう場に参加させていただき、本当に勉強になりました。こういう場が大事だというのを改めて痛感しました。

　藤原先生へのご質問ですけれども、大事な視点を教えていただき、本当に勉強になりました。日本におけるアートプロジェクトの展開を考えていく中では、横浜や、大地の芸術祭に先立って、1999年に取手アートプロジェクトがスタートしてます。私自身、2006年、下水処理場を使って、ヤノベケンジさんとかが参加されたプロジェクトを見学し、感動しました。作品の制作、創造から、市民、地域の団地の住民の方が参加され、自分たちの言葉で観客に、作品の素晴らしさを説明されておられました。それが、私自身のアートプロジェクト体験の始まりで、熊倉純子先生はじめ、色々ご指導いただいて、博士論文になり、2016年に『アートの力と地域イノベーション』という著作として水曜社から出版していただきました。アートプロジェクトの大事な柱として、その地域に根差して、市民の方が、いろんな角度から取り組まれることが大事じゃないかなと思うんですけども、市民、ボランティア、地域との関わりという点について教えていただけたらと思います。

　2つ目の質問として、中村先生にお尋ねしたいんですが、音楽分野においては、パンデミック後の音楽演奏形態の1つの変化として、情報ネットワークを活用した音楽配信という形態の比重が大きくなってきたという状況があると思います。従来は、たとえばライブで150人、200人集まってやられてたパフォーマンス、その形態に情報ネットを通じた配信という形態が加わることで、新しい観客が増えるという音楽普及の面での効果、また新たな収入確保手段にもなるという変化が見られます。こうした情報ネットワークの活用という手法は、美術系のアーティストにとって、自分の

作品販売とか、生活手段の確保という意味で可能なのかどうか、その辺りをお教えいただけたらと思います。よろしくお願いします。

藤原 取手アートプロジェクトに関しては今日はお話ししませんでした。この短い時間で日本社会の中で起こったアートプロジェクトや国際芸術祭に関するボランティアの歴史をまとめることが難しく、次の機会にお話しできればと思います。ありがとうございました。

　そして、地域の視点に関して悩みました。こちらに載せているのは、今日は、あくまでもボランティアを公募形式で募っていて、ボランティア登録をして、ボランティア保険に入ってという手順を踏んでいる参加者をボランティアとして捉えています。その他に、ふらっと芸術祭の現場に来て、ボランティア制度を超えて作品やプロジェクトに関わるという方々もいらっしゃいます。その方々を地域との関わりという点でどのように捉えるかということは今後の課題にしたいと思っています。

中村 つづいて、表現者によるオンラインを使った収益を得る試みについてですよね。それは、美術の作家の中にも最近はいるように思います。先ほど例に挙げた映像作品などそうですね。映像作品をインターネット上で公開して、それを見るには、500円とか1,000円とか一定の価格を払うとその映像が見られる、そういう風な形で、自分自身の作品を配信されている方も多いです。　おそらくライブなどのそういう音楽と同じで、映像はオンラインっていう鑑賞形態にすごくマッチするのかなと思いますね。逆に、絵画とか彫刻の場合は、その彫刻の静止画を見たいから500円払うとか、現時点の技術や状況ではなかなか広まらないんじゃないのかなと私は思ってます。

極右的なモノの登場

質問者2（元澤則久） 修了生の元澤といます。自分の意見と山本先生に質問みたいな形になるんですけど、ドクメンタの中で、作品が撤去されたっていう部分について、非欧米圏であるから、ゲームチェンジが認められなかったっていうような、中村先生のご指摘があったと思うんですけれども、そうではなくて、なんとなく、僕アートは専門じゃないので変なこと

言うかもしれませんけど、この図だけを見ると、なんか、その極右的な思想とか、右翼的なものっていうのが入り込むような構造があるんではないかなっていう風に考えました（写真1-4-1 p.49参照）。左側の方の図を見ていくと、ハンナ・アーレントっていう人が、「全体主義の起源」という本を書いてるんですけど、そのような流れがここにあると。

　右側のその責任とはっていうところがあるんですけど、じゃあ、たとえば、ハンナ・アーレントのところでいうと、エルサレムのアイヒマンという話があって、ナチスの残党のアイヒマンが、エルサレムで裁判にかけられると。で、その時に、アイヒマンっていう人は、私は、ユダヤ人は1人も殺していない、ユダヤ人の輸送計画に携わっただけで、っていう話、それと、仕事を頑張ったりという話を裁判の時にずっと言ってくんですけど、そしたらその責任とはっていう時に、もしアートという概念が、現代のアートという、今までのアートという概念が消えたら、アイヒマンは、その頑張ってナチスのために働いたって言ってるんだけど、じゃあ同じように、何かわからないけれど、善か悪かわからないものに、よく、そこは働くというような、人間が発生してくるんではないか。そういうのっていうのが全体主義につながっていくんじゃないかというような構造がこの構造図では読み取れるんではないかと。その中で、たとえばアートが消えたところでボランティア、サポート、それが中村先生からありましたけど、そのアートというもんじゃなく、集まりたいというような人が集まってくるというようなことになったら、そこでなんとなく、要はSNSとかであるパターンですけども、思想が生まれて、それが先鋭化しても、極右的なものっていうのが出てくるんじゃないかな、時に。僕はそのように読み解いて、なんかそういう極右的なものにつながるような構造になってないかなというようなところを山本先生に聞いてみたいなと思います。

山本　ありがとうございます。すごく重要な話だなと思って聞いていました。実際に、たとえば、不自由展の炎上とかもそうだと思うんですけれども、結構、その極右的な意見っていうものが、ある種の言論の自由とか思想の自由ってものによって擁護される、というような状況が美術の中でも、見られるような気がしています。その時に、他者を侵害する自由っていう

ものは当然認められないわけで、どうしても認められないものは存在している。それが、どうしても自由というものの中で、一緒くたにされてしまう。アレントが書いたアイヒマンに関する本の中で、やはり彼が自分で考えるっていうことを放棄している、っていう部分がかなり強くでている、裁判記録をみると思うんですけれども、やっぱり、ある種、主体的に何か自分で考えることがなされていない。つまり、僕が思うのは、美術っていうのが社会に色んなものを投げかける、政治的なアプローチをするものの中で、やっぱり、美術のいいところの1つとして、はっきりとした考えとかメッセージ性を出すわけじゃなくて、ある種、考えださせるよう作品とかが出てきた中で、逆にいうと、ある種、自分のはっきりとした立ち位置を持つっていうような責任というものが、けっこう曖昧化されている部分っていうのは存在しているような気はしています。そういう意味で、非常に極右的なものとか、排外主義的なものっていうものの、ある種の温床とか、呼び寄せるっていうような部分っていうのが、現状では存在してるような気がします。それは社会的芸術っていうものが、そうしたものにはっきりとNOを突きつけるっていうのは、社会的芸術、政治的芸術っていうものに関わっている作家もキュレーターも研究者も含めて、全ての責任なんじゃないかなと思っています。

　それとは別の部分で、中村さんがおっしゃってたような、ある種の現代美術におけるゲームチェンジっていうものの中で、あまりにもラディカルなものっていうものは勘弁してくれみたいな、保守的な傾向をもつヨーロッパ中心的なものっていうのがあるという風には、やっぱり思っています。それは、ドイツとかでも、やっぱり、極右的なものっていうのが、ネオナチとかもそうだけれども、出てきてる。そういったものに対して、比較的きちんと、ダメなものにはダメっていう風に、作家であったり、ディレクターであったり、キュレーターは、はっきり言うんだけども、日本では、そういったものっていうのが、まだまだ確立されていない状況があるんじゃないかなという風には考えています。

　あと1点だけ。さっきの話で、取手アートプロジェクトって学生がメインになっていて、そこで、五芸祭とかがあるので、他の大学の学生とつなが

りが結構あるんです。「拝借景」っていうのもあったんですけど、取手アートプロジェクトの前身として、拝借景に関わっていたメンバーが金沢美術工芸大学に戻ってきて、芸宿っていうところを作ったんですよね。

　そういった形で、ある種、確立された人たちじゃなくて、学生が中心になっていたので、いろんなところに散らばりやすかった。かつ、学生とかだったら地方に定住することもあるので、定住して地域に根付くっていうようなものが出てきたっていうのは1つの取手アートプロジェクトの特徴であって、文化政策の人がこれからもっとちょっと調べていただけると嬉しいなって思って。

公共の位置づけ

質問者3　すいません。今日は興味深いお話、ありがとうございました。ちょっと伺いたいのが、藤原先生が、公共性の重要性っていうことをおっしゃっていて、芸術工学から言うと、その公共性っていうのがどういう風に定義されるのかですね。その上で、中村先生に伺いたいのは、「あいちトリエンナーレ2019」で、あれは結果として、最終報告は、公共性があったという風に評価されていたと。それを引き受けて、今回、愛知ですね。こちらではどういう公共性というものを、皆さん思い描かれていたのか、それぞれ違うと思いますけれども、その公共制度の位置づけですね、それを伺いたいってのと、吉田先生ですね、こちらがドクメンタで、そのルアンルパがやったことで公共空間が生まれたと。そこで言われている公共とはなんなのか。そして、最後に山本先生ですね。その公共っていう概念がアートヒストリーなり、文化研究で、どういう位置づけで今、最前線で議論されているのかですね、その辺、伺いたいです、お願いします。

藤原　はい、ありがとうございます。1つ目のご質問ですが、僕が述べている公共性は、政治学者の齋藤純一さんが述べてるように、オフィシャル、オープン、コモンの3つの点を踏まえた公共性という意味で使っています。たとえば、私はスポーツのサッカーが好きですが、サッカー好きの人が集まって、サッカーだけの話をしても、なかなかそこから次の展開が見つけられないと思っています。そのつながりの中で、誰でも入れるとか、誰に

関しても共通なテーマがあるという、公共性がある関係性を持って、公共性があるテーマに関して挑んでいくことが必要で、そこからサポーターやボランティアのつながりは展開していくと思っています。そういった意味での公共性の担保が必要だということを述べました。

中村　そうですね、公共性とは、芸術祭や、美術館でも議論されるところです。公共のものなのだから、みんなが喜ぶもの、好きなものを出して欲しい、そういう意見もいただくんですけれども、私の理解では、公共であればあるほど、弱いもの、小さいもの、少ないものに目を向けたいとも思うんですね。つまり、多くの人、マジョリティにとって必要なもの、マジョリティが好きなものは、ちゃんと市場の原理でお金が回っていくので、ある種、公共が力を注ぐ必要はあまりないんです。そうじゃなくって、非常に声が小さい人、数が少ない人たち、市場経済の中ではそうした人たちへのケアであるとか配慮が十分にできない、そうしたものに対して、じゃあそこをなんとかこう目に見える形にしましょうというのが公共だと思います。先ほどトイレの話がありましたけれども、公共施設だからちゃんと車椅子用のトイレがあるとか、そういうことですよね。ですので、「あいちトリエンナーレ2019」は、議論を呼びましたけれども、マジョリティとして日本で暮らしている中ではなかなか出会わない視点、あるいは気づくことができない世界的な社会の状況を見せるという意味では公共性のある試みであったと思います。「あいち2022」では、じゃあどういうふうな公共性があったのかということなんですけれども、私が、すごく良かったと思うのは、愛知県内に住んでいる日本語話者以外の人たちに向けた展示解説ツアーというのを初めて2022でやったんですね。それまで、日本語以外って言うと英語で、しかも、海外から来るお客さんに向けて英語で発信しようという発想が無意識のうちにありましたけれども、実際には、愛知県、日本の中でも極めて多くの海外にルーツを持つ人が住んでいる県です。おそらくその中には母国語が日本語でない方もたくさんいらっしゃると思います。そういう方々に向けた、たとえばスペイン語のツアーをするというのは、確かに参加者の数としてはすごく少ないですけれども、公共として、やるべき試みだったなと自分では思ってますね。

第1章　ビエンナーレ・トリエンナーレの行方　　75

吉田　ありがとうございます。公共空間の定義を、中村さんのコメントとか、藤原さんのコメントを聞きながら改めて考えてたんですけども。今即興で、「マジョリティに対してマイノリティが自由に安心してものがいえる空間」という定義をしてみます。「ドクメンタ15」の会場では、ルアンルパはそうした理想的な空間を作っていた。しかし、ドイツ社会で見ると、そういった公共空間が、うまく作ることができなかったのではないかと思っています。それは、日本のあいちトリエンナーレの状況とも似ているが、それ以上に割と極端に現れたような気がするんですね。ドイツのマスメディアは反ユダヤ主義キャンペーン一辺倒だったし、一方で、ドクメンタの会場に行くと、すごくほのぼのとしていて、会場の参加の仕掛けがうまく機能していて、いろんなところでワークショップが開かれ、アーティストと観客の対話があったりとか、そういったある種、作られた空間では、理想郷の公共空間が作られていた。が、現実社会とは、かなりギャップがあった。そんなところにドイツって、割と民主主義の理想のように思うけども、ドイツの限界みたいなものを感じました。そういう意味では、「あいちトリエンナーレ2019」で、いろんなネット上でバッシングもあったけども、日本のアーティストが、反対派の人たちと、言論の場を設け、サナトリウムといったところで公共空間を実現し対話を試みた。一概にドイツと日本、いろんな条件が違うから、比較するのは慎まねばならないが、「あいちトリエンナーレ2019」では、いい公共空間が作られた実験ができたんじゃないかな、という気がしています。それが、今につながっているのかどうかっていうのは、検証する必要があると考えています。

非言語表現による公共圏の拡張

山本　簡潔にまとめたいと思います。大学に勤めて、1番後悔しているところは、あんまり最新の論文を読む時間がないというのがあって、それは、言い訳じゃないんですけど、さきにお伝えしておきたいと。

　公共圏に関して、僕は、最近読んだ論文で言うと、最近といっても香港でポスドクやってた時なんですけど、ナンシー・フレイザーが、トランスナショナルライジング・ザ・パブリック・スフィアっていう、「公共圏をトランス

ナショナル化する」、それは、中村さんがさっきおっしゃられたような、公共圏というものがやっぱり単一の国民国家的な意味で、すごく同質的であるっていうようなことを、どう批判的に考えていくかと、いうようなことが、政治学の中で論じられていたような印象があります。美術の方は、僕は文化研究の方が専門なので、そちらでいうと、ハバーマスにせよ、アーレントにせよ、やっぱり、言語っていうものを、公共空間に参入するための条件として、かなり重視しているか、もしくは、あまり他を重視していない。そのような時に、言葉は喋れない人で、それは、単純に言葉を喋れないということもあれば、（その場で語られている）言語がわからない、いろんな意味がある。その時に、非言語的な表現としての芸術っていうものが持っている可能性っていうのは、公共空間を拡張するということが可能なんじゃないかっていうような議論がなされていて、僕もそれは強く思っています。一方で、東アジアの文化研究の中では、パブリックっていう概念が、当然ヨーロッパとは異なっているんだけども、それを結構、公共圏に関する議論っていうのをヨーロッパから入れてしまった部分が大きいと思うんです。たとえば、公といった時に、ヨーロッパの場合、結構何をしてもいい。あんまり人に迷惑かけるのでなければ、なにをしてもいい。だけど、日本の場合、他人の目が怖いから、むしろ、気をつけて行動しなきゃいけないところ、みたいな風になっている。ということは、ほぼほぼ、逆転現象が起きている。そこには、たとえば、公といった時に、天皇が公というように、大きな監視の目というものがあるような空間として、認知されてるような感じがします。これは中国語の公でも、似たような部分があったりする。その時に、やっぱり地域的な公の概念の違いっていうのは、考えていかなきゃいけないんじゃないかなっていう風に、僕も考えてるし、そういった論文っていうのが、いくつか僕の議論も含めて、東アジア中では提出されているというのは、現状だと思います。

吉田　議論は尽きないんですが、もう時間もかなりオーバーしたので、今日の、領域横断的な芸術祭に関するシンポジウムはこれで終了したいと思います。皆さん、ありがとうございました。

＊シンポジウムの文字起こしは、大阪公立大学大学院文学研究科博士前期課程堀本宗徳が担当した。
なお、本書の出版にあたり、プライバシーなどへの配慮から加筆修正したり、一部の写真を差し替えた。

第 2 章

いちはらアート×ミックス
——《森ラジオ ステーション×森遊会》を事例に

　第1章では、「ドクメンタ15」で提示された欧米中心主義に対抗する議論と同時に、国際芸術祭「あいち2022」での理論的な美術史の文脈の重要性を指摘した。

　第2章以降は、国内の芸術祭を取り上げるが、大型芸術祭といっても具体的な在りようは様々であり、第2章、第3章では、芸術祭を契機として生まれた小規模かつ持続可能な地域に根差したアートプロジェクトに言及したい。持続可能性や今後のアートのあり方へのヒントが隠れていると考えるからだ。第2章では、千葉県市原市で開催されているいちはらアート×ミックスとともに、それを契機として生まれた《森ラジオ ステーション×森遊会》を紹介しよう。

1. いちはらアート×ミックス

[1-1] 問題意識・学術的背景

　2010年前後から現代アートを内容とする芸術祭が国内で流行する。本章での芸術祭とは、現代アートを内容とし、事業費1億円以上の芸術祭をさすものとする。大小規模も様々で、大型予算を必要とし、2010年前後か

ら流行する「芸術祭」に争点化することから、1億円以上の限定をつけた。

　こうした芸術祭のうち、半数を占めるのが、過疎地・地方型芸術祭である。2〜3年に1回、数か月間の会期で開催され、会期中観光客が増え、数十億円等の経済波及効果が実証されている[1]。しかしながら、地域づくりの面では、提案力・行動力、ネットワークの広がりなど一時的な変化は起きうるものの、開催から数か年では、継続的な変化につなげることは容易でないことも明らかとなってきた[2]。一方で、コロナ禍を経て、芸術祭を契機として芸術祭から自立的に活動し、しかも10年以上継続するプロジェクトが各地で見られる状況にある。ソーシャルキャピタルは、社会関係資本として日本語で訳されるように、ネットワークをはじめとした社会関係を資本として蓄積していくものと考える点に特徴がある。評価指標でも言及するが（1-3.参照）、継続性が要件となり、まちづくりなどの経験則から10年単位で捉えるのが一般的である。改めて、各事例でソーシャルキャピタルの形成の有無を学術的に検証する時期にきている。

［1-2］先行研究と研究の目的

　大地の芸術祭を事例とした研究に関して、ソーシャルキャピタルを用いた鷲見英司の定量的研究[3]は、ソーシャルキャピタルの形成の有無を統計的分析により客観的に明らかにした点で優れる。しかし、その具体的プロセスが明らかでない。それに対して、当該プロセスを明らかにした松本文子[4]や、寺尾仁[5]の定性的研究がある。しかし、そこでもソーシャルキャピタル形成の母体となる個別の集落の状況を分析せずに、会場全体や複数の集落を集合的に捉えるという問題点を持っている。したがって、既存の研究が会場全体・複数の集落を集合的に捉えるのに対し、異なる視座で個別の地域・プロジェクトに着目し、かつ定性的に地域づくりの効果・具体的プロセスを分析する必要があると、吉田[6]が指摘した。

　そうした視点から、あいちトリエンナーレ長者町会場の事例で、10年間のまちづくりで橋渡し型ソーシャルキャピタルが形成されていたところ、不足部分を補う形でソーシャルキャピタルがプロアクティブ化し、形成に寄与したと明らかにした[7]。また、「大地の芸術祭 莇平集落」の事例で、結束

型にとどまらない外に開かれたソーシャルキャピタルが形成されたと分析を行った[8]。なお、結束型ソーシャルキャピタルと橋渡し型ソーシャルキャピタルの意義、相違については、1-6. で後述する。

とはいえ、芸術祭を契機としてソーシャルキャピタル形成が認められたという一般的主張をし、その必要条件を明らかにするには、より多くの事例研究を行う必要がある。本研究では、芸術祭をきっかけに、市原市月崎地区で、ほぼ10年間活動を継続してきた《森ラジオ ステーション×森遊会》を事例に、橋渡し型ソーシャルキャピタルが形成されたのかを明らかにすることを目的とする。

芸術祭は、2～3年に1回、数か月間開催される。会期以外にアート活動を継続するプロジェクトの数は多くない。月崎地区での《森ラジオ ステーション×森遊会》は、いちはらアート×ミックスの会期以外にも毎月1回定例会を開催し、10年間活動を継続してきた。活動頻度が高く、ソーシャルキャピタル形成の蓋然性が高く、当該事例を選んだ。なお、当該事例については、吉田[9]が、活動開始から約5年経過した2018年時点で、次の点を明らかにしている。従来からの地域活動を基盤に結束型ソーシャルキャピタルが形成されていたところ、芸術祭を契機として提案力・行動力の一時的な変化がとらえられていた。しかし、橋渡し型ソーシャルキャピタルまでは観察されていなかった。

[1-3] 研究方法

評価指標はソーシャルキャピタルとし、その具体的基準は、① 地域（もしくは共同体）の他者に対する信頼、② 地域（もしくは共同体）での規範、③ 地域（もしくは共同体）全体に広がるネットワーク、④ 自発的な協調、⑤ 継続性とする。以下で、理由を述べる。

この点、ソーシャルキャピタルを、通説は① 信頼、② 規範、③ ネットワークと定義する（広義説）。これに異を唱えるのが坂本治也[10]で、「人々の間の自発的な協調関係をより促進する」という自発性の要件を必要とする（狭義説）。その根拠として、ロバート・パットナムはソーシャルキャピタルを「調整された諸活動を活発にすることによって社会の効率性を改善できる

信頼、規範、ネットワーク」[11]と限定して定義していること、ソーシャルキャピタルが単に「ネットワーク」を指す場合もあり、新しい概念としての存在意義と議論の混乱回避を念頭に置けば限定的な意味合いで用いるべきことを挙げる。

　筆者も、以下の根拠で、坂本と同じく狭義説に立つ。ネットワークは実体的要素であるが可視化し難い。そもそもソーシャルキャピタルの趣旨は、信頼・規範・ネットワークがあれば、自発的な協調が得られ集合行為のジレンマ[12]が解決できるという点にある。だとすれば、自発的協調という可視的要素も考慮すべきである。よって、ソーシャルキャピタルとは自発的な協調を促す信頼・規範・ネットワークと定義する。くわえて、地域（もしくは共同体）の変化を捉える指標であるから、限定された場所でなく地域（もしくは共同体）で一般化されることが必要である（坂本同旨）。かつ、前述のとおり、ソーシャルキャピタルは、資本として蓄積していくものなので、継続性が要件となる。ここでの継続性とは、10年単位での継続的変化を捉えるのが通常である。したがって、ソーシャルキャピタルは、その基準を形成の有無とし、具体的には①地域（もしくは共同体）の他者に対する信頼、②地域（もしくは共同体）での規範、③地域（もしくは共同体）全体に広がるネットワーク、④自発的な協調、⑤継続性とする。①〜③については、信頼、規範、ネットワークに裏打ちされた自発的な協調があるか否かという観点から分析する。こうした立場（狭義説）に立つことで、自発的な協調活動という客観的要素を取り入れソーシャルキャピタルを分析することができる。また、持続可能な自発的な協調活動という趣旨に着目する自説からは、地域全体のネットワークは必須の要件とされず、アート活動で生じた共同体を軸にソーシャルキャピタル形成を認める余地がある。もちろ

表 2-1　評価指標と基準

指　標		基　準
橋渡し型 ソーシャル キャピタル	形成	① 地域（もしくは共同体）の他者に対する信頼 ② 地域（もしくは共同体）での規範 ③ 地域（もしくは）共同体全体に広がるネットワーク ④ 自発的な協調 ⑤ 継続性

ん、地域活動に重きをおいて捉えていくなら、地域全体にネットワークが必要となる（表2-1参照）。

　なお、本研究では、橋渡し型ソーシャルキャピタル形成の有無を明らかにすることから、アーティスト、地域内外、行政等異質な人や組織を結び付けるネットワークが必要となる（1-6.参照）。

[1-4] 調査方法

　行政資料・新聞・団体資料等を含む文献調査と、関係者への聞き取り調査をもとに定性的分析を行う。聞き取り調査の技法は、半構造化インタビューを採用し、研究倫理の観点からより研究手続きの適正に十分に配慮した。調査対象者は、アーティスト1名、行政担当者2名、地区住民2名、ボランティア1名の計6名である。調査日時・時間、概略的な質問項目の内容は、本文の注に明記した。聞き取り調査にあたっては、1）研究目的、2）研究手続きの概要（調査時間・調査の同意・録音の了解等）、3）研究結果公表（学術雑誌等に公表する場合の事前同意等）等調査対象者に、明確に書面で説明を行った。また、氏名を明らかにする場合は、必ず本人の同意を得た。プライバシー保護の観点から、調査対象者の個人名は、公人を除きA、B、C等の匿名とするのを原則とした。

[1-5] 学術的・社会的意義

　本研究は、複数の事例研究によって、芸術祭を契機としてソーシャルキャピタル形成が認められたという一般的主張をする点、当該事例について、活動開始から5年経過した2018年時点で一時的な変化が捉えられていたが、10年経過した2023年時点でソーシャルキャピタル形成の有無を明らかにする点に、学術的独自性がある。

　2010年代は、国内で芸術祭が流行した時代といえよう。コロナ禍をへて、改めて国内の芸術祭の意義が問われている。芸術祭と地域づくりの意義を明らかにすることは、今後の芸術祭のあり方に一石を投じる社会的意義がある。

図2-1　市原市の地図

[1-6] 結束型ソーシャルキャピタルと橋渡し型ソーシャルキャピタル

　「結束型ソーシャルキャピタル」とは、同質的な結びつきで、本研究に即せば同業者組合の典型である農事組合（3-1.後述）が挙げられる。それに対して、「橋渡し型ソーシャルキャピタル」は、異質な人や組織を結びつけるネットワークで、本研究での森遊会（3-1.後述）が挙げられる。結束型ソーシャルキャピタルは、同質的な結びつきなので、結束が容易である。形成や継続が簡単で、自発的な協調が促進されやすい。しかし、同質的であるがゆえに内向き・排他的になりやすいので、地域コミュニティ形成につながらないことが多い。一方、橋渡し型ソーシャルキャピタルは、人や組織が異質なので、結びつくのは容易ではない。その形成は簡単ではなく、そのうえ、一旦形成されたとしても、自発的な協調は委縮しがちで、集合行為のジレンマが最も働きやすい。自発的な協調関係の壁さえ乗り越えれば、橋渡し型ソーシャルキャピタルは地域コミュニティ形成につながる可能性が大きい。

2. いちはらアート×ミックスの開催経緯

　いちはらアート×ミックスは、市原市南部の上総牛久・内田、高滝、里見・飯給、月出、月崎、白鳥、養老渓谷の7つのエリアで開催され（図2-1）、その1の月崎地区で《森ラジオ ステーション×森遊会》が展開された。3.で当該プロジェクトを紹介する前に、いちはらアート×ミックスの開催経緯を見ておきたい。

[2-1] 市原市の概要

　千葉県市原市の人口は、2024年4月現在約27万人である。市北部は、「わが国有数の工業地帯」で[13]、高度経済成長期に人口が急増した[14]。一方で、市南部は、人口減少に伴う学校の統廃合などが起こり、過疎化、高齢化が課題となっている[15]。

[2-2] いちはらアート×ミックスの開催経緯

(1) いちはらアート×ミックス2014

　市民らが2007年から「南市原ギャラリーマップ」を年2回発行していたことから、市原市は「地域活動とアートを結びつけた新たなまちづくりを検討」[16]した。

　2009年8月には、市原市の経済部職員有志が大地の芸術祭の視察を行った。10月19日には経済部が大地の芸術祭のディレクター北川フラムと初顔合わせをする。同月30日に北川は市原市を訪問し、南部地域を視察する[17]。水と彫刻の丘美術館の改修計画があることが、北川が市原市と芸術祭で組む1つの決め手になった。

　こうして、行政職員と民間が連携しながら、佐久間隆義市長（当時）に芸術祭開催の提案を行った。市長は芸術文化に関心があり、「すぐやろう」となった。また、市南部は地域活動が盛んで、小湊鐵道の沿線でほぼ駅ごとに環境活動を行い、後述の月崎安由美会をはじめ16団体で、南市原里山連合が作られていた。彼らの協力が取り付けられたことが原動力となった[18]。

第2章　いちはらアート×ミックス　85

2011年11月末から12日間で、プレイベント「アート漫遊 いちはら」を開催した。のちに「いちはらアート×ミックス2014」に関わる5組の現代アーティストが参加した[19]。その5組は、上記地域活動団体に割り振るような形で展開し[20]、こうした地域活動団体との協働は、その後もいちはらアート×ミックスの大きな特徴として踏襲される。なお、上記5組のうちの1人が、本研究の事例《森ラジオ ステーション×森遊会》のアーティスト木村崇人だった。

2012年1月には「市原市アートフェスティバル基本計画」が策定され[21]、芸術祭の名称がいちはらアート×ミックスに決まった。2013年6月の議会では、市幹部が、芸術祭の開催意義を、「将来有望な40歳前後のアーティストで、地域の方々を巻き込みながら、長期にわたり市原の活性化にかかわっていただける」[22]と答弁した。

2013年8月には、北川が代表を務めるアートフロントギャラリーが指定管理者となって、市原湖畔美術館をオープンした[23]。「いちはらアート×ミックス2014」が、3月21日から52日間の会期で、市南部を主な会場として上記美術館が基幹施設となり、開催された。プレイベントに参加した40歳前後の若手らが核となり、支出は約4億円である[24]。大地の芸術祭の来場者数等を参考にして、来場者数は目標20万人と試算した[25]。

ところが、蓋を開けると約8万7千人だった[26]。主な要因は、「準備期間が足りず、広報宣伝、住民参加が不十分であった」[27]からだ。その結果、「開催に約3億8千万円を投じたことを疑問視する声が市民や市役所内部からもあがった」[28]。

(2) いちはらアート×ミックス2017

2015年6月に市長選が行われる。後継候補の小出譲治が当選した[29]。小出は6月議会で次回開催を示唆した[30]。ところが、市と北川で幾度も話し合ったが、開催規模で折り合わない。2016年9月に北川がディレクターを降りることで合意した。市としては、財政事情、民意等を勘案し、2回目は3分の1の規模で開催せざるをえないという政治判断だった。市は、北川がディレクターを降りたことを、地元の地域活動団体「南市原里山連

合」に報告した。その際、「北川さんがいなくたって、俺たちがやるから」など、団体の多くが市の判断を受け入れたという[31]。

「いちはらアート×ミックス2017」が、4月8日から5月14日まで開催された。支出は前回の3分の1の約1.5億円だった。それでも、木村崇人はじめ前回の芸術祭や継続イベント等で実績があるアーティストを中心に選定することで、長期に若手アーティストに市原の活性化に関わってもらおうという企図が活かされたものとした。来場者数は前回実績約8万7千人を超えることを目標としたところ、約10万人となった[32]。

（3）いちはらアート×ミックス2020＋

北川がディレクターに復帰し、「いちはらアートミックス2020」は、2020年3月20日から5月17日にかけ開催を予定していた。予算規模3.74億円で、来場者数15万人を目標とした。ところが、新型コロナウイルスの感染が世間的に議論されるようになる。来場者が県外から来る一方、会場となる市原市南部は、少子高齢化が進行している。感染率が高い年齢層に、高齢者が挙げられ、市民の安全確保を最優先し、延期を決めた[33]。コロナ禍が収束せず、翌2021年11月19日～12月26日で29日間の会期で開催した。4ヶ年の支出約6億円の規模で、来場数は前回を超える約11万人となった[34]。

（4）内房総アートフェス

2024年3月23日～5月26日「内房総アートフェス」が開催された。千葉県政150周年、市原市政60周年を迎える中で、県は記念事業として「百年後芸術祭」を展開することとなった。県との共同で開催の形を模索する中で、単一市と県の共催が難しいということもあり、市原市としてはこれまでの「市原アート×ミックス2024」として展開しつつ、内房総5市（市原市・木更津市・君津市・袖ヶ浦市・富津市）の広域連携・官民共同による開催となったのだ。総合プロデューサーは会場の1つであるクルックフィールズ（木更津市）を営む音楽家の小林武史、アートディレクターは北川フラムが務めた[35]。主要な拠点の1つである旧里見小学校では、廃校を活用

写真2-1　豊福亮《里見プラントミュージアム》(2024)

した展開をしてきたのだが、今回は「市原の原風景である里山に、市原の工場夜景をモチーフとしたミュージアムを作り出」[36]した。市原市の課題の1つとして過疎化が進む北部と工業地帯の南部の交流があり、そうした課題に向き合う芸術祭の象徴的な作品となった（写真2-1）。

3. 月崎地区の取り組み

　本節では、7つの開催エリアのうち高い頻度でアート活動を10年間継続する月崎地区を取り上げたい。そこでの《森ラジオ ステーション×森遊会》の取り組みについて、「いちはらアート×ミックス2014」開催前後、「いちはらアート×ミックス2017」開催前後、「いちはらアート×ミックス2020＋」を経て、の3つの時期に分けて紹介を行う。

[3-1]「いちはらアート×ミックス2014」開催前後　（立ち上げ期：2013-2015）
　2024年4月時点で、月崎には75世帯161人が住む[37]。月崎で地域活動を担ってきたのが、月崎安由美会である。1993年に米作りを協働で担

う農事組合として4名で発足した。2006年からは地区にある「いちはらクオードの森」の指定管理者となり、約120ヘクタールの森の整備・管理を行う。年末のイルミネーションが恒例行事となっており、毎年1万3千人が来場する[38]。会員数は2018年12月時点で15名だった[39]。

　2011年プレイベントが開催され、アーティスト木村崇人は、月崎で「木もれ陽プロジェクト」を実施した[40]。そうした縁もあり、「いちはらアート×ミックス2014」でも月崎を展示会場とした。リーダー的存在が、植物好きが縁となり関わった月崎在住の芹澤郁夫（故人）だった。月崎安由美会から山野草などの提供を受け、地域の方や、ボランティアの協力を得た[41]。安由美という名称は、「友が寄り合い、安らかに治ること、美しきなり」という会の趣旨に由来するという[42]。《森ラジオ ステーション》を制作し、会期中、3,263名が訪れた。「小湊鐵道月崎駅にある保線員の旧詰所小屋を山に見立て約60種以上の山野草と苔で覆った作品」である。「内部には森とつながる仕掛けが施され、森のライブ音が聴こえるラジオや、霧の森にいるかのような天窓からのびる光の柱や虹、室内にいても風の方角がわかる風見どりなどがあ」る[43]（写真2-2;2-3）。

　会期終了後、《森ラジオ ステーション》の存続を、市原市に申し出た[44]。それに対して、市から「管理運営を責任持ってやるならば」との条件に存続を認めると回答があった。リーダー的存在の芹澤（故人）を中心に話し合い、自分たちで保守管理ができると判断し、存続が決まった[45]。2014年6月29日当初メンバー6名で、発起人会を開催した[46]。名称を木村に相談したところ、「森遊会」と名付けられた。「無理をしない。楽しい範囲で関わってほしい」との思いが込められた。「元気に、無理なく、楽しみながら」を会のモットーとした[47]。主な活動内容は、月1回開催する定例会で、作品の手入れを行う。春、秋の観光シーズンは、土日祝日に開館し、観光コースに組み込まれる。「花祭り」を主催し、観光客に無料で豚汁を振舞った[48]。

[3-2]「いちはらアート×ミックス2017」開催前後　（活動勃興期:2016-2017）

　2017年度後半に市の財政支援が始まるまで（本節後述）、アーティスト

写真2-2 《森ラジオ ステーション×森遊会》外観（2024）

写真2-3 《森ラジオ ステーション×森遊会》屋内（2017）

木村は、ボランティアとしての関わりだったので、毎月通うことができず、たとえば苔が枯れた際に、住まいのある山梨で苔を採取し、作品メンテナンスをしにいくなど必要な範囲で顔を出していた[49]。2016年5月、森ラジオで初めての結婚式が行われた。森ラジオがロケ地になった映画「星が丘ワンダーランド」が2016年3月に、映画「夏美のホタル」が2016年6月にそれぞれ公開された[50]。

2017年4月、「いちはらアート×ミックス2017」が開催され、作品名を《森ラジオ ステーション×森遊会》に変更し、「森遊会」が作品名の一部に加わった[51]。アーティストの作品であるだけなく、地域の人たちも作品の一部であるというコンセプトに変更されたのだ。来場者数は7,261名で、前回より2倍以上増加した[52]。

「いちはらアート×ミックス2017」開催直後のインタビューで、鈴木恒雄事務局長は芸術祭と地域の関りについて次のように話す[53]。

　　よその人と地元の良さをお話ししたり、自分にないものとか、情報だとかお話が聞けたり、非常に楽しい。いろんな人がつながって、交流が深まる。新しいことを受け入れるとか人との交流は、ほかよりは負けていない。

2017年初代会長芹澤が逝去し、2代目会長田村孝之が就任した。森遊会メンバーの数は、2017年度には約50名に増えた。うち月崎町内が16名である。もちろん会員でなくても、町内から手伝いに来てくれる人も少なくない。月崎安由美会のメンバーとも重なる。年齢層は、50歳以上が中心だが、20代、30代のボランティアが加わり、会報発行などを手伝った。こうしたボランティアの加入をきっかけに、町会以外の会員が増えた。田村会長が、月崎駅を訪ねる写真愛好家や鉄道マニアに声掛けしたことが縁で、専門的知識をもつボランティアが多く入会した[54]。ボランティアのキーパーソンの1人Cによれば、芸術祭のボランティアグループ「菜の花プレーヤーズ」が組織として活動を呼びかけるだけでなく、ボランティアが個々に地域に手伝いに行くのが月崎の特徴だという。「ボランティアサポーターとカテゴライズされたことにより、地元の人がよその人を受け入

れやすくなった。市北部の人間が南部に行って、地元の人たちと何かをやる。市の南北の交流のきっかけとなっている」と話す[55]。

　A（市担当者）は、「（7つの開催エリアの1つの）内田のように（芸術祭の）イベントを元気にやるというより、手入れしながら作品を守るという地道な感じで、それを見に来たお客さんと楽しんでいる。若い人も交じって一緒にやっている」[56]という。

　2017年度後半からは、「地元が自主的に維持管理を始めたことは、いちはらアート×ミックスのレガシーである」として、市は芸術祭の会期以外に作品の維持管理費用の財政支援を始めた[57]。木村はその理由について、「結婚式の撮影をしたり、映画のロケが2回あったり、いろんなことが起き、外から人が集まるようになり、役所にも問い合わせがいったんだと思う」[58]と振り返る。市の財政支援により、木村は、《森ラジオ ステーション×森遊会》との関わりを、ボランティアとしてでなく、仕事として受け、毎月の定例会に参加することとなる[59]。

［3-3］「いちはらアート×ミックス2020＋」を経て　（活動充実・拡大期：2018 -)

　森遊会のメンバーから、「森ラジオ ステーションの駅から見て線路沿いの奥側に、森を作ろう」という提案があった。アーティスト木村は「漠然と森だと面白くない。イメージを共有して持たないと目標に近づかない」と考え、大枠の構想を練り、2018年3月「森のトンネル」の制作を始める。《森ラジオ ステーション×森遊会》から南西方向に枕木を30本並べた。2018年12月には、植樹祭を開催し、役所、小湊鐵道、地域団体、森のライブ音が聴こえる仕組みで協力をする音響会社など関係者を招待し、一般の市民の方も参加した。枕木の脇に「人と人、人と生き物がつ1ながりが持てたり、四季を通じて会話が弾むような樹木を選んで植え」[60]た。この頃から、「会のメンバーのやりたいことを実現した方が面白い」と、アーティストの意識が変容したという[61]。

　同時期の2018年3月、「片枝のヒノキベンチ」を制作した[62]。「一見生き物が歩いているようにも見えるベンチ」で、「森にある杉や檜などの針葉樹は、日の当たらないところの枝は自ら落とし、日が当たるところだけ

が成長し片枝となる。森から伐採したヒノキの皮を剥き（ママ）、自然の形でそのまま生かしベンチを制作した」[63]。

2020年以降コロナ禍で緊急事態宣言が発令された。「集まって作業するのはやめた方がいい」との意見が出て、しばらくの間、定例会を中止した。しかし、コアメンバー20名が自主的に草刈りなどはしていた。アーティスト木村が、「僕が行って作業してます」というと、来たい人は来て、という感じでやっていた[64]。コロナ渦中に着手した「取り外し式」苔パネル化作業が、2021年に完成した[65]。それまではメンバーが小屋の屋根に登り、苔や山野草の手入れをしていたが、高齢化し、植栽の傷みもあった。そこで、小屋に直に植栽していた苔等を200のパネルに移植し、苔パネルを小屋に張り付ける形に変更した。作品メンテナンスの際は、当該パネルを取り外すことで、老人から赤ん坊まで関われる工夫をしたのだ[66]。2023年5月の例会でも苔パネルの整備が行われ、行政担当者、市幹部も含む前任者が複数参加していた（写真2-4）。

当初2020年開催予定だった「いちはらアート×ミックス2020＋」がコロナ禍で延期され、2021年秋に開催された。《森ラジオ ステーション×森

写真2-4 「取り外し式」苔パネル化作業 （2023）

遊会》の来場者は、6,295名だった[67]。芸術祭開催の際も、「これまでの活動の歴史がある。芸術祭のために新しいことやろうというよりも、自分たちも楽しみながら、皆が喜ぶようなおもてなしをして、いつもどおり力まずいこう」となった。芸術祭をきっかけに勢いがつくというより、恒常的な活動が自ずと推進力となり、皆を巻き込んでいき、芸術祭が1つの通過点に過ぎなかったという[68]。

コロナ禍が落ち着くと、月1回の定例会開催が復活する。作品メンテナンスと、主に夏に草刈りを行う。「定例会では、誰も出欠とらない。終わりに来てもウエルカムである」という[69]。2023年1月、2018年に制作した「片枝のヒノキベンチ」を新しく作り直した。木村が「交換したい」と伝えたところ、「有志メンバー自ら木を選び、山主に交渉し、伐採し、森ラジオステーションに運び込み、段取りをした」。「作品として、どういう木を選んだらよいかも、理解してくれている。皮むき作業をしたが、僕は行けなかった。ベンチ設置の際も、僕が関わったのは少しだけである。意識としては、一緒にやっているという感じなんだと思う」[70]。

アーティスト木村は、直近の関わりについて次のように話す[71]。

手が離れたというか、みなと一緒に作るのを楽しみに、作業自体も気合をいれてやるというか、集まって楽しい時間を過ごす。すごく大事。無理をしてない。できてなくてもいい。それでも、人が集まってくる（写真2-5）。

「いちはらアート×ミックス2020＋」を経て、引き続き田村会長が月崎駅を訪ねる写真愛好家などに声掛けしたことで、多くの他地域の方も加入した。メンバーは2024年4月時点で77名である。うち住民（近隣を含む）が20名程度である。コアメンバーは20名で、半数程度が住民である。一方で、メンバーの高齢化で、住民が活動に顔を出せなくなるということが起きている[72]。

行政との関わりについても、この5年で、《森ラジオ ステーション×森遊会》が役所の中でも大切にされ始めたという。

1つ目に、森ラジオの看板の設置である。他所から人が来るようになっ

写真2-5　定例会で目の前を通る列車にメンバーが手を振る様子　(2023)

たが、作品の説明が一切なかった。《森ラジオ ステーション×森遊会》の徒歩圏内にある地層「チバニアン」が話題になり、観光客が増え始めた時期でもあった。役所の担当者が、「看板があった方がいい」と話しをしてくれた。2018年3月には、森ラジオの看板（日英）が設置された[73]。

　2つ目に、担当者の丁寧な引継ぎである。上記看板を設置した担当者が、予算を継続できるよう後任に託してくれ、行政の新たな取り組みにもつながっている。担当者や市の幹部が、担当を外れても、（森のライブ音の採取地である）キャンプ場跡地に草刈りに行ったり、家族を連れてきてくれたり、一緒に作業してくれている。仕事だけではないプライベートの付き合いをしてくれた。役所の方にも恵まれたという。2020年1月、チバニアンが認定されると、チバニアン目当ての県外の人が一気に増えた[74]。行政の担当者が一緒に作業したり、丁寧な引継ぎが行われたこと、くわえて、チバニアン効果などで観光資源としての位置づけがより明確となったことで、役所の理解が進んだ。

　3つ目に、アーカイブに関わる行政支援である。2022年4月にオフィシャルサイトをオープンし[75]、2023年3月には、ブックレット『森ラジオブッ

ク』を制作した[76]。

4つ目に、2022年9月には、「いちはら市民大学アートコース講座が新設され設置され、森ラジオが題材に」[77]なった。生涯教育のアプローチも生まれたのだ。

4．分析

　月崎地区では、月崎安由美会という農事組合が地域活動を担い、指定管理者として森の整備・管理、イルミネーションなどのイベントを行い、結束型ソーシャルキャピタルが形成されていたと考えられる。そうしたところ、高い頻度でのアート活動によって橋渡し型ソーシャルキャピタルが形成されたのか、以下で分析を行いたい。研究方法で明らかにした具体的基準、① 地域（もしくは共同体）の他者に対する信頼、② 地域（もしくは共同体）での規範、③ 地域（もしくは共同体）全体に広がるネットワーク、④ 自発的な協調、⑤ 継続性を用いる。

① 地域（もしくは共同体）の他者に対する信頼

　月崎での地域活動は結束型ソーシャルキャピタルの典型である農事組合を出発点とし、地区内の人間関係にとどまりがちであった。そうしたところ、10年間のうち立ち上げ期（2013 - 2015）に、まず、山野草の提供など作品制作に協力したことで、地域住民、アーティスト間に信頼関係が生まれ、いちはらアート×ミックス2014会期終了後の活動継続につながった。

　つぎに、活動勃興期（2016 - 2017）になると、専門知識を持つボランティアが加わる。当該活動は、作品やその立地条件が相まって植物、写真、鉄道など様々な入り口があったことから、地区外ボランティアとの新しい出会いや外からの出入りを、地域住民が楽しんだ。こうした地域住民とボランティアとの出会いのきっかけをつくり、地域住民をまとめていったのが、月崎駅を訪ねる写真愛好家や鉄道マニアに声がけした田村会長だった。写真、鉄道、地質など様々な専門知識を持つ地区外のボランティアが、子どもから高齢者まで年齢層が幅広く関わり、地域住民と一緒に作業を行う。相互に楽しむ様子からは、地域住民とボランティアの信頼を認める

ことができる。月崎地区住民にとって、アーティスト、地区外のボランティアとの間で、立ち上げ・活動勃興期に信頼が構築されたからこそ、定例会の月1回開催など高頻度でのアート活動に発展した。

さらに、アーティストの地域住民に対する信頼の変容がうかがえ、地域住民とアーティストの相互の信頼の質的転換も観察できる。アーティストが作品の企画・制作を地区住民に委ねるまでに至り、それを相互に楽しみ、共有するようになった。2018年3月「森のトンネル」の制作では、「森遊会メンバーのやりたいことを実現した方がおもしろい」と、アーティスト木村の意識が変わった。直近の活動を通して、アーティスト木村は「手が離れたというか、みなと一緒に作るのを楽しみに、作業自体も気合をいれてやるというか、集まって楽しい時間を過ごしてきた」という。

一方で、行政は、当初及び腰で信頼関係もままならなかったが、活動充実・拡大期（2018‐）になると、住民と行政の肌感覚を含む信頼関係が継続された。担当者が定例会に参加し、一緒に作業することで、何が起こっているかを肌で感じた。人事異動の際の担当者間の丁寧な引継ぎがなされた。市幹部を含む前任者がことあるごとに、プライベートでイベントに顔を出した。近隣のチバニアンと並ぶ観光資源としての魅力が認知されたことが要因となり、観光基盤の整備や、生涯教育のアプローチなどで行政との関係を深化させた。そうした積み重ねの結果、直近5年で行政との相互の信頼関係が深まった。

以上から、アーティスト、地区外ボランティア、行政という共同体の他者への信頼が徐々に構築された。

② 地域（もしくは共同体）での規範

ボランティアのキーパーソンの1人Cによれば、組織として活動を呼びかけるだけでなく、サポーターが個々に地域に手伝いに行くのが、立ち上げ期からの月崎の特徴だという。活動充実・拡大期の2018年「片枝のヒノキベンチ」の交換の際は、アーティスト木村が「交換したい」と伝えたところ、有志メンバー自ら木を選び、山主に交渉し、伐採し、運び込み、段取りをした。皮むき作業、ベンチ設置の際も、アーティストがほぼ関わらなかった。コロナ禍では、定例会を中止したが、主に地区住民、ボラン

ティアからなるコアメンバー20名が自主的に草刈りなどはしていたという。これらの点に、立ち上げ期から緩やかな規範があり、活動充実・拡大期になると、コアメンバーを中心にすぐに見返りを求めない利他的な活動を顕著にみることができよう。

③ 地域（もしくは共同体）全体に広がるネットワーク

はじめの立ち上げ期を見ると、2014年6月植物好きが縁となり関わった芹澤会長（故人）がリーダーとなり、当初メンバー6名で森遊会が発足した。そこに、専門知識を持つボランティアが加わった。つづいて、活動勃興期には、2017年芹澤会長が逝去したが、田村会長がバトンを引き継ぐ。駅を訪ねる写真愛好家など来訪者に積極的に声掛けし、会員拡大に貢献する。会員数が50名となる。その後、活動充実・拡大期になると、行政担当者の丁寧な引継ぎ、観光基盤の整備や、生涯教育のアプローチなどで行政との関係を深化させた。

10年間の活動の変化を量的に捉えると、住民の参加が発足時6名から約3倍の20名程度となる。会員数は約80名となり、コアメンバーが約20名、うち住民は約10名である。グループ構成の多様化など活動の変化を質的にみると、立ち上げ期は、主にアーティストと地域住民に限られたが、現在に至るまで専門知識を持つボランティアを巻き込み、活動充実・拡大期には、行政との関係が深化し、異質な人や組織を結びつけるネットワークが形成された。しかも、前述のとおり、勃興期には、アーティストと地域住民間の信頼関係の質的転換がおきた。こうした質的転換と相まって、アート活動の共同体としてみると、コアメンバー20名を中心にアーティスト、会の代表者などキーパーソンが構成員として欠けたとしても持続可能な高度なネットワークが構築されつつある。

一方で、会員メンバーは、地区人口161名の約1割にとどまる。家族1名が会員となると、他の家族は会員とならない場合も多く、会員以外でも顔を出す住民も多い。世帯主に着目すると75の約2割で、町内会の4分の1程度が会員となる。とはいえ、地域全体で広がるネットワークとまではなっていない（図2-2参照）。

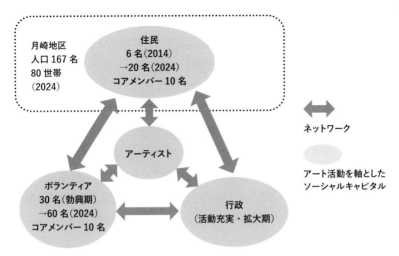

図2-2　アート活動の共同体に広がるネットワーク

④ **自発的な協調**

　立ち上げ期は、毎月の草刈りや作品メンテナンスが主な活動だった。ところが、拡大・充実期になると、森遊会のメンバーのやりたいことを実現した方がおもしろいと、アーティストの意識が変わり、信頼関係の質的転換がおきた。みなと一緒に作るのを楽しみに、集まって楽しい時間を過ごせる対等のネットワークとなってきた。芸術祭をきっかけとした活動であるが、芸術祭をきっかけに勢いがつくというより、芸術祭が1つの通過点となる。恒常的な活動が多いものの、信頼の質的転換、ネットワークの対等性により、拡大・充実期になると自発性がより高まったといえる。

⑤ **継続性**

　2014年から10年間、毎月1回定例会を開催し、草刈りや作品メンテナンスを行い、会の活動が継続された。活動充実・拡大期には、会員提案で、ヒノキベンチ、森のトンネルを制作した。

　以上まとめると、①当該アート活動には植物、写真、鉄道など様々な入口があり、一緒に作業することで、アーティスト、住民、ボランティア間の信頼関係が醸成された。「住民らのやりたいことを実現したほうがおもしろい」とアーティストの意識も変容する。行政担当者が現場に顔を出した

り、丁寧な引継ぎが行われることなどで、直近5年で行政との相互の信頼が構築された。アーティスト、ボランティア、行政という幅広い他者一般への信頼が構築された。②ボランティアが、組織としてでなく、個々に手伝いに行く態度がみられるなど、すぐに見返りを求めない利他的な行動を認めることができた。③住民、専門知識を持つボランティア、行政など異質な人や組織を結び付け、ネットワークが形成された。アート活動の共同体としては、アーティスト、会の代表者などキーパーソンが構成員として欠けたとしても持続可能な高度なネットワークが構築しつつある。一方で、地区全体で広がるネットワークとまではいえない。④集まって楽しく過ごせる信頼関係、ネットワークができたことで、自発的な協調が促進された。⑤10年間、月1回の定例会をベースとした活動が継続された。

5.結論と今後の課題

[5-1] 結論（分析の結果）

　結論として、《森ラジオ ステーション×森遊会》のアート活動で生じた共同体を軸にしてみると、橋渡し型ソーシャルキャピタルが形成されたとする余地がある。一方で、③で詳述したとおり、地区全体で広がるネットワークとまではいえないので、月崎地区に着目した地域活動の点からは、橋渡し型ソーシャルキャピタル形成を認めることはできなかった。

[5-2] 今後の課題

　本研究は、芸術祭を契機としてソーシャルキャピタル形成が認められるかについては、先行研究で紹介したように、すでに肯定する定量的・定性的研究がある。ところが、定性的研究については、一般性ある主張をするために多くの事例研究を行う必要がある。本研究がアート活動という共同体で橋渡し型ソーシャルキャピタル形成を認める点で、事例研究を積み重ねる一例として学術的意義を持つ。

　2010年代は国内の芸術祭が流行した時代と総括できる。従来は、入場者数、経済波及効果を重視し、かつ芸術祭のみで成果を求め、しかも

大型予算を必要とし持続可能性に難があった。しかし、コロナ禍を経て、芸術祭の開催意義や地域アートのあり方が問われる中、本研究は、芸術祭を契機として自立的に持続可能な活動を行うプロジェクトに地域に根差した新たなアートの方向性を見出した点で社会的意義がある。一方で、地域活動の点からは、③ネットワークで詳述したとおり、地区全体で広がるネットワークとまでいえないことから、橋渡し型ソーシャルキャピタル形成を観察することはできなかった。月崎地区の地域活動との接続が今後の課題であり、注目していきたい。

注及び引用文献:

1) 小田切康弘「第8章 アートプロジェクトと地域経済」樽見弘紀・服部篤子編『新・公共経営論 事例から学ぶ市民社会のカタチ』ミネルヴァ書房，2020年，152-169ページ．

2) 吉田隆之『芸術祭と地域づくり"祭り"の受容から自発・協働による固有資源化へ』，水曜社，2019年 b．

3) 鷲見英司「大地の芸術祭とソーシャル・キャピタル」，澤村明編『アートは地域を変えたか—越後妻有大地の芸術祭の十三年2000 - 2012』，慶應義塾大学出版会，2014年，63-99ページ．

4) 松本文子ほか「アートプロジェクトを用いた地域づくり活動を通したソーシャルキャピタルの形成」『環境情報科学論文集』第19号，環境情報科学センター，2005年，157-162ページ．

5) 寺尾仁「大地の芸術祭と人々—住民，こへび隊，アーティストが創り出す集落・町内のイノベーション」澤村明編『アートは地域を変えたか—越後妻有大地の芸術祭の十三年2000 大地の芸術』，慶應義塾大学出版会，2014年，101-146ページ．

6) 吉田隆之「都市型芸術祭の経営政策—あいちトリエンナーレを事例に」博士論文，東京藝術大学，2013年．

7) 吉田隆之，前掲論文，2013年．

8) 吉田隆之「芸術祭はソーシャルキャピタル形成に寄与するのか—大地の芸術祭莇平集落」，第23巻第2号，2019年 c，215-222ページ．

9) 吉田隆之「芸術祭の地域コミュニティ形成への影響—いちはらアート×ミックスを事例に」，『アートマネジメント研究』19号，2019年 a，7-21ページ．

10) 坂本治也『ソーシャル・キャピタルと活動する市民—新時代日本の市民政治』有斐閣，2010年，57-64ページ．

11) Putnam,Robert D.,Making Democracy Work:Civic Tradition in Modern Italy,Princeton,N.J:Princeton Univercity Press,1993.（河田潤一訳『哲学する民主主義—伝統と改革の市民的構造』NTT出版，2001年，200-206ページ．）

12) ここで集合行為のジレンマとは、各個人が不利益を甘受しあえば全員にとって望ましい結果となるが、各個人が利益しか考えないことが合理的であるため全員にとって不利な結果が生まれてしまうことを指す。

13) 市原市，「市政情報 / 市原市のプロフィール / 市の概要」，2025 年，https://www.city.ichihara.chiba.jp/（参照2025-2-1）．

14) 本段落のここまでの人口に関する記述は、「市政情報 / 統計情報 / 人口統計」（市原市, 2025年, https://www.city.ichihara.chiba.jp/（参照2025-2-1）．）による。

15) 北川フラム／中房総国際芸術祭いちはらアート×ミックス実行委員会監修『中房総国際芸術祭いちはらアート×ミックス』, 現代企画室, 2014年, 8ページ．

16) 北川ほか, 前掲書, 2014年, 108ページ．

17) ここまでの芸術祭の開催経緯に関する記載は、前掲書（北川ほか, 2014年, 108ページ．）による。

18) ここまでの芸術祭の開催経緯に関する記述は、2017年5月22日スポーツ国際交流部芸術祭推進課（いちはらアート×ミックス実行委員会）Aへのインタビュー。

19) 市原市経済部観光振興課「アート漫遊 いちはらの開催について」（2011年10月4日記者発表資料）, 2011年．

20) 当該文について2017年5月22日Aへのインタビュー。

21) 北川ほか, 前掲書, 2014年, 108ページ．

22) 市原市議会事務局「会議録 / 平成25年6月定例会（第2回）6月28日－06号」,2013年．

23) 北川ほか, 前掲書, 2014年, 108ページ．

24) 中房総国際芸術祭いちはらアート×ミックス実行委員会『中房総国際芸術祭 いちはらアート×ミックス 総括報告書』, 2014年, 17-21ページ．

25) 市原市『市原市アートフェスティバル（仮称）市原アート×ミックス事業計画書』, 2012年, 16ページ．

26) 中房総国際芸術祭いちはらアート×ミックス実行委員会, 前掲書, 2014年, 9-11ページ．

27) 中房総国際芸術祭いちはらアート×ミックス実行委員会, 前掲書, 2014年, 40ページ．

28) 朝日新聞社, 「北川フラムさん、総合ディレクター外れる」『朝日新聞』（2016年9月15日）, 2016年．

29) 千葉日報社, 「小出氏が初当選 12年ぶり新リーダー誕生」『千葉日報』（2015年6月7日）, 2015年．

30) 市原市議会事務局,「会議録 / 平成27年6月定例会（第2回）7月9日－03号 / 小出譲治市長」, 2015年．

31) 本段落で、市の政治判断を含む北川がディレクターを降りた経緯に関する記述は、2017年5月22日Aへのインタビュー。

32) いちはらアート×ミックス実行委員会, 「ICHIHARA ART×MIX 2017 事業報告書」, 2017年．

33) 本節のここまでの記述は、2020年5月21日、B（市原市スポーツ国際交流部芸術（祭）推進課長）への電話でのインタビュー。

34) いちはらアート×ミックス実行委員会, 2022年, 「房総里山芸術祭 いちはらアート×ミックス2020+ 事業報告書」．

35) 本節のここまでの記述は、2024年4月27日全国芸術祭サポーターズミーティングinいちはらでの小出譲治市原市長の挨拶による。

36) 100年後芸術祭, 「里見プラントミュージアム」, 2024年, https://100nengo-art-fes.jp/art/industrial_relic_museum/（参照2024-12-20）．

37) 市原市, 前掲ページ, 2025年．

38) 月崎安由美会に関する記述は、「森林浴、米作り、もてなしの心 加茂地区から「癒し」を発信」（2016年2月26日, 市原版）（シティライフ株式会社, 2016年, の記事を要約した。

39) 当該文について、2018年12月12日10時30分から15分程度電話で行った鈴木恒雄（森遊会事務局長）へのインタビュー。鈴木には2017年5月15日と2回インタビューを実施し、2回目

は1年後の会員数等を確認した。

40) 市原市経済部観光振興課, 2011年,「アート漫遊 いちはらの開催について」(2011年10月4日記者発表資料).

41) 本段落で《森ラジオ ステーション》の制作経緯に関わる記述は、2017年5月15日10時から30分程度月崎駅舎会議スペースで行った木村崇人(アーティスト)へのインタビュー。概略的な質問項目は次のとおりである。森遊会の設立経緯、プレイベント、いちはらアート×ミックス2014、2017に対するそれぞれの関わり、特に自らの作品、プロジェクトが月崎に与えた影響等。

42) 安由美の名称由来については、2024年8月28日鈴木事務局長への電話インタビュー。

43) 当該段落のここまでの「」内の記載は、『森ラジオブック』(木村崇人, 森遊会, 2023年, 18ページ) を引用した。

44) 森遊会「議事録」(2014年6月29日), 2014年.

45) 2017年5月15日木村へのインタビュー。

46) 森遊会, 前掲資料, 2014年.

47) 森遊会と名付けられた経緯について2017年5月15日木村へのインタビュー。

48) ここまでの「森遊会」の活動内容に関する記述は、2017年5月15日鈴木事務局長へのインタビュー。

49) 2023年6月31日21時から1時間程度大阪公立大学梅田サテライト界隈で行った木村のインタビュー。概略的な質問項目は、いちはらアート×ミックス2017以降の木村の関わりなどである。

50) 木村崇人, 森遊会企画・監修『森ラジオ ブック』, いちはらアート×ミックス実行委員会, 2023年, 74ページ.

51) 2017年5月15日木村へのインタビュー。

52) いちはらアート×ミックス実行委員会「ICHIHARA ART×MIX 2017 事業報告書」, 2017年, 5ページ.

53) 2017年5月15日鈴木事務局長へのインタビュー。

54) 本段落のここまでの記述について2017年5月15日11時から30分程度月崎で行った田村孝之(森遊会会長)へのインタビュー。概略的な質問項目は次のとおりである。月崎安由美会、森遊会のそれぞれの設立経緯、いちはらアート×ミックスが月崎に与えた影響等。

55) 月崎でのサポーターの活動内容に関する記述は、2018年9月29日Cへのインタビュー。

56) 2018年10月1日Aへのインタビュー。

57) 当該文は2018年10月1日Aへのインタビュー。

58) 2023年6月31日木村へのインタビュー。

59) 当該文は2023年6月31日木村へのインタビュー。

60) 木村崇人, 森遊会企画・監修, 前掲書, 2023年, 51ページ.

61) 本段落の「森のトンネル」の制作経緯、その内容に関する記述は、2023年6月31日木村へのインタビュー。

62) 木村崇人, 森遊会企画・監修, 前掲書, 2023年, 75ページ.

63) 木村崇人, 森遊会企画・監修, 前掲書, 2023年, 63ページ.

64) 本段落のここまでのコロナ禍の活動の様子に関する記述は、2023年6月31日木村へのインタビュー。

65) 木村崇人, 森遊会企画・監修, 前掲書, 2023年, 75ページ.

66) 本段落の苔パネル化作業に関する記述は、2023年5月21日木村へのインタビュー。

67) いちはらアート×ミックス実行委員会「房総里山芸術祭 いちはらアート×ミックス2020+ 事業報告書」, 2022年.

68) 本段落のここまでの芸術祭の意義づけに関する記述は，2023年6月31日木村へのインタビュー。

69) 本段落のここまでのコロナ禍後の活動に関する記述は，2023年5月21日木村へのインタビュー。

70) 本段落のここまでの「片枝のヒノキベンチ」に関する記述は，2023年6月31日木村へのインタビュー。

71) 2023年6月31日木村へのインタビュー

72) 本段落の森遊会の記述について2024年4月29日13時から30分程度月崎駅で行った田村会長へのインタビュー。

73) 木村崇人，森遊会企画・監修『森ラジオ ブック』，いちはらアート×ミックス実行委員会，2023年.

74) 本段落のここまでの行政との関わりに関する記述は，2023年6月31日木村へのインタビュー。

75) 木村崇人，森遊会企画・監修，前掲書，2023年，75ページ.

76) 木村崇人，森遊会企画・監修，前掲書，2023年.

77) 木村崇人，森遊会企画・監修，前掲書，2023年，75ページ.

＊第2章で使用している写真は，編著者吉田隆之が撮影した。

第3章

水と土の芸術祭と
小須戸ARTプロジェクト

── 芸術祭終了後の市民による
アートプロジェクトをめぐって

　行政主導の国際芸術祭が日本各地で開催される中、すでに終了した芸術祭もいくつかある。2009年から2018年にかけて新潟市で開催された「水と土の芸術祭」もその1つだ。

　水と土の芸術祭では、市内各地にサイトスペシフィックアートが展示される「アートプロジェクト」に加え、市民主導の「市民プロジェクト」が多数行われた。筆者は新潟市秋葉区小須戸地区で2013年にAIR（アーティスト・イン・レジデンス）事業を立ち上げ、市民プロジェクトなどとして現在まで継続してきた。また筆者は、2018年から2023年に「アーツカウンシル新潟」で勤務した。一市民としてAIR事業を運営しつつ、市の文化政策に近い立場を経験したことから、本章を寄稿する機会をもらったものと考える。

　なお、パンデミック後も意識した『アートプロジェクトの変貌 ── 理論・実践・社会の交差点』というお題ではあるが、新潟市ではパンデミック時には既に芸術祭が終了していた。また、筆者の取り組みを事例として取り上げるにしても、他の事例に比べて事業費や事業規模が大きく違うことを、まずは触れておく。そのうえで本章では、現在までの「小須戸ARTプロジェクト」の変遷や成果を述べるに留めず、芸術祭後の市民プロジェクトの状況にも言及していきたい。

1. 水と土の芸術祭と市民プロジェクト

[1-1] 水と土の芸術祭

　はじめに、水と土の芸術祭について簡単に紹介する。

　2005年に近隣13市町村と合併して誕生した"新"新潟市の政策課題の1つは、市の一体感の醸成だった。そうした中、水と土の芸術祭は、広範な市域・多様な歴史背景を持つ地域の中で共通するアイデンティティーを「水と土」に見出し模索する試みとして2009年に初開催、以降はトリエンナーレ形式で2018年までに計4回開催し、終了した。

　芸術祭の開始から終了に至る経緯の詳細は省く。だが、初開催前からその可否を含む様々な意見があったことは事実で、初回芸術祭開催後も、特に芸術祭の目玉といえるアートプロジェクトに対しては、新潟市議会でも、展示会場を集中すべきではないかといった開催方法への指摘はもちろん、芸術祭の効果そのものを疑問視する声も強かった[1]。

　市民プロジェクトは、2009年の芸術祭での「地域の魅力の発信」事業の企画提案イベント支援（以下、地域プロジェクト）を前身とする。初回芸術祭開催後も風当たりが強い中、芸術祭を推進したい市は、市民参加を強くアピールすることで意義を補強し、批判をかわしたい狙いもあったのだろう。2012年の芸術祭から、市民プロジェクトが強く打ち出された。

[1-2] 市民プロジェクト

　市民プロジェクトは「市民自ら企画・運営を行う、市民と地域が主役のプロジェクト」だ[2]。芸術祭事務局は芸術祭を盛り上げる市民の企画提案を募集し、採択事業の実施に必要な資金を補助した。これにより市民がアーティストを招聘して行う作品展示や演劇公演、演奏会等はもちろん、まち歩きやライトアップイベント等を含む多彩な事業が行われることになる。各年の総括報告書[3]-[6]によれば、2009年は70件、その後は137件、109件、82件と、芸術祭の度に概ね100件前後の事業が実施されている。

　市民プロジェクトの特徴として、①高い補助額・補助率、②芸術祭のな

い2年間の継続、この2点を挙げておく。

　補助額と補助率は、2012年度には最大100万円、翌年度以降は最大50万円が全額補助された[7]。補助率は2016年度に引き下げられたが、それでも8割補助だった。くわえて芸術祭開催年には、芸術祭に参加歴のあるアーティストを招聘して行う市民プロジェクトの補助額・補助率が優遇された。

　芸術祭のない2年間も市民プロジェクトは実施された。継続的な補助により、芸術祭で縁ができた市民とアーティストによるアートプロジェクトが生まれていく（例：矢垂川プロジェクト（2012、2015）、礎窯ONE MORE CUP STORY（2013-2021）等）。小須戸ARTプロジェクトの継続もこの流れに乗った部分が大きい。

　一方で課題もあった。まず、採択件数が多い芸術祭開催時は補助金ありきで立ち上げられた団体へ補助を行うケースも多く、質より量、事業内容よりも市民参加を「件数」として示すことを優先したバラマキ事業だという指摘も、一概に否定できない。また、芸術祭開催年以外の2年間は補助金全体の予算も限られ、採択件数は20件前後だった。採択数の制約に加え、同一団体への補助回数に規定がなく、芸術祭参加アーティストと関わりが強いプロジェクトが採択される傾向になることで、実施団体の固定化が進んでいく。

　アーティスト視点での問題提起もなされていた。ある芸術祭参加アーティストは、芸術祭での制作と比べて市民との距離が近い市民プロジェクトの制作環境は羨ましかったという。しかし、芸術祭への公募参加での制作費は100万円、市民プロジェクトでは1事業あたり最大50万円と資金面に大きな違いがあり、補助額を見直さずに市民によるアーティスト招聘を推進することは、アーティストにとって、やりがいはあっても正当な報酬が受け取れない状態につながりかねないという指摘だった[8]。

　こうした課題はあったが、回を重ねるごとに市民プロジェクトは芸術祭の大きな柱として位置づけられていく。最終2018年の芸術祭では「市民が主役」がうたわれ、市民プロジェクトが芸術祭の第1の柱とされた。また「区内の市民プロジェクトの広報・連携の核となる拠点を設け、市民プロ

表3-1　水と土の芸術祭のアートプロジェクトと市民プロジェクトの決算額の推移

	2009	2012	2015	2018
決算総額（万円）	39,814	27,811	25,098	22,803
アートプロジェクト決算額（万円）	22,996	9,814	8,428	7,338
市民プロジェクト決算額（万円）	3,001[※]	4,281	4,321	3,507
市民プロジェクト実施件数（件）	70[※]	137	109	82

※2009年は地域プロジェクトの決算額と件数

ジェクト間やアートプロジェクトとの連携を図る体制を整え、アートを活用して地域の課題に取り組むもの」を「地域拠点プロジェクト」として補助率及び上限額を超えて採択し、市内8区で12事業が行われている[9)]。

　市民プロジェクト重視の流れは決算額の推移からも見て取れる。初回と最終の芸術祭の決算額を比べると、特にアートプロジェクトは1/3程度に大きく減少した一方、市民プロジェクトは微増程度であり、アートプロジェクトから市民プロジェクト重視にシフトした状況を端的に示している（表3-1）。

［1-3］アーツカウンシル新潟

　アーツカウンシル新潟（以下、AC新潟）は、市民の文化芸術活動支援の専門組織として、公益財団法人新潟市芸術文化振興財団内に2016年9月に設立された。文化芸術活動に取り組む市民の相談対応や独自の助成制度を運用しながら、2017年度には事務局として市民プロジェクトにも関与する。そして同時に同年度中に市内各区で「人材育成プログラム」を実施した[10)]。これは地域拠点プロジェクト実施に向けた布石で、同プロジェクトへの申請前にはAC新潟への相談が条件にされるなど、開催を翌年に控えた芸術祭に向けて積極的に介入していた。

　ところが2018年度になると、AC新潟は市民プロジェクトをはじめ芸術祭自体にほとんど関与しない。その理由は、できるだけ多くの市民プロジェクトを実施したい芸術祭事務局と、公金を投じる以上成果が見込める企画に絞って支援すべきというAC新潟の方向性のズレによるものと筆者は聞いている。筆者は同年7月に着任したためこの判断には関与せず、

判断に至るまでの詳細な流れも把握していない。ただ、組織内部の事情など現場で活動する市民には無関係であり、一市民の立場ではこのような対応は残念だったといわざるを得ない。

なお、芸術祭終了後の2019年度以降の動きについては3節で詳しく述べるが、市民プロジェクトは2021年度まで継続され、AC新潟はその間も審査や事業立会い、評価などを通して制度に関与する。そして2022年度には市民プロジェクト補助制度はAC新潟の助成事業に統合された。

2. 小須戸地域の町並みまちづくりと小須戸ARTプロジェクト

[2-1] 町並みまちづくりと薩摩屋の公開

日本最長の河川・信濃川の河口から上流約20kmに位置する新潟市秋葉区小須戸は、古くから自然堤防上に集落が形成されたとされ、鎮守の諏訪神社の建立は鎌倉時代に遡るとされる。旧小須戸町の中心商店街は、江戸初期に新発田藩により町立てされ、新潟湊と長岡の城下町を結ぶ信濃川舟運の指定河岸となり、近郷近在の拠点となる「在郷町」として江戸から明治、大正時代にかけて繁栄した。だが、その後舟運が衰退し、鉄道の駅が離れた場所に建設されたことで、地域は交通手段の変化とそれに伴う時代の流れに取り残された。その結果、積極的な保全活動によるわけではなく、開発が進まなかったことにより、往時を偲ばせる町屋の町並みが比較的良好な状態で残されていた（写真3-1）。

合併時点で人口約1万人の旧小須戸町も、他地域と同様に商店街の活性化は長年の課題だった。そんな中、新潟大学都市計画研究室による町屋・町並みの調査が行われ、その結果を受けて2007年に「小須戸町並み景観まちづくり研究会」（以下、研究会）が発足、町並みまちづくりの取り組みが始まる。研究会は住民向けにまち歩きや勉強会を続け、2009年には芸術祭の地域プロジェクト補助金を受け、空き町屋・薩摩屋の公開と活用に取り組んだ。

商店街の中ほどに位置する薩摩屋は2005年に小売りの酒店を廃業し、その後は空き店舗になっていた。小須戸商工会が空き店舗対策として出

写真 3-1 小須戸本町通りの町並み (2016)

図3-1 新潟市の地図

店者の誘致に動くも実らない中、研究会は町屋としての建物の価値に着目し、整備・公開したのだった。店舗に残った什器を撤去し、居間の畳の

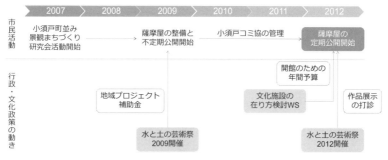

図3-2　薩摩屋公開までの経緯

入れ替えや障子の張り替えを行い、芸術祭中に実施したまち歩きの際に、町屋が見学できる休憩所として公開した。参加者等の評判が良く、薩摩屋は地域自治組織の「小須戸コミュニティ協議会」(以下、小須戸コミ協)が管理し、2010年以降もまち歩きの際などに不定期で公開していくことになる。

この動きと並行して、2011年度には市文化政策課が「文化施設のあり方検討WS」を行い[11]、旧小須戸町を含む秋葉区がモデル区の1つに選ばれた。当時区内の文化施設は、旧新津市の新潟市新津美術館、新潟市新津鉄道資料館、石油の世界館の3館で、旧小須戸町には該当する施設はなかった。だが、旧小須戸町の住民にも関わって欲しいという市の配慮があったのか、声がかかったのが薩摩屋の活用に取り組む小須戸コミ協だった。

WSの詳細な内容は省くが、結果として2012年度より市は薩摩屋の公開と活用に向けた人件費と事業費、約100万円を確保する。小須戸コミ協が受け皿となり、特別委員会として薩摩屋企画委員会を立ち上げ「町屋ギャラリー薩摩屋」として土日祝日の定期公開を開始する(図3-2)。筆者は2012年度から2013年度にかけて薩摩屋の活用企画の立案と運営を担当した。

[2-2] 水と土の芸術祭2012の開催とAIR事業の立ち上げ

薩摩屋公開初年度は「水と土の芸術祭2012」の開催年度だったため、

写真3-2 南条嘉毅《砂利船》 撮影：風間源一郎（2012）

　芸術祭事務局の紹介で何人かの芸術祭参加アーティストが展示会場候補として薩摩屋や周辺を下見に訪れた。その１人が南条嘉毅だった。南条は信濃川に所縁のある会場での展示を希望しており、調整の結果、薩摩屋での展示が決まる。旧小須戸町の範囲内では、西野達《知らないのはお前だけ》の展示も決まっていた。

　当時の南条の作品は、その場所の土を使って描く平面作品が主であった。制作にあたり南条は信濃川の源流から河口までを踏破して各地の土を採取、その土を用いて描いた大小複数の平面作品を、薩摩屋の土を用いたインスタレーションと組み合わせて展示した（写真3-2）。南条は芸術祭に向けた制作のために何度か小須戸を訪れ、筆者は制作を手伝った。芸術祭の会期が近づくと南条は薩摩屋で寝泊まりしながら制作を進め、作品が完成すると薩摩屋では住民向けの内覧会を催した。会期中は来場者受付や作品管理などを薩摩屋企画委員が担った。

　薩摩屋の活用に話を戻すと、市の予算は区内の文化施設との連携企画の実施が条件だった。だが2012年度の連携企画は、所蔵資料が充実

した他施設から薩摩屋で展示できる資料を借用し、展示しただけだった。筆者としては、制度の枠組みや予算を活かしてより良い事業を実施したいという思いがあった。芸術祭終了後に撤収に訪れた南条との会話でこの話題になり、南条から、薩摩屋を滞在拠点とし、新津美術館と連携して行うAIR事業の提案を受ける。この提案をきっかけに、翌2013年度に「薩摩屋ARTプロジェクト2013」を立ち上げることになる。これが小須戸でのAIR事業の始まりだった。

しかし全く慣れない事業である。最初から順調には進まなかった。まずアーティストの募集でつまずく。10万円の制作費補助を条件に、薩摩屋と新津美術館市民ギャラリーで展示を行う参加アーティスト2名を募集したが、適切な情報発信先やその手段もわからないなかで情報は広がらず、締切時点で応募はなかった。最終的には南条の紹介で、鈴木泰人、橋本直明の2名が参加し、制作・展示を行った。この年を今振り返れば、募集はもちろん集客のための広報も不十分、2会場を掛け持ちして制作・展示するには無理のあるプログラム、運営の人手不足など、多くの課題があった。

[2-3] 小須戸ARTプロジェクトへの発展とその継続

2013年から2014年にかけての地域に眼を向けると、町並みまちづくりの成果か、薩摩屋周辺に町屋を改装したカフェ等が3軒オープンする、うれしい動きが続いていた（図3-3）。また、呉服商の大型の町屋が空き家になり、町屋を活用したまちづくり活動に協力的な所有者が取得していた。そして、翌年に「水と土の芸術祭2015」の開催が決まっていた。

こうした状況を追い風に、2013年度の反省を踏まえて2014年度の企画を検討した。新たにオープンした店舗に協力を求め、名称を小須戸ARTプロジェクトに変更、予算の確保と芸術祭とのつながりを作るために市民プロジェクトに応募した。芸術祭に向けたAIR事業であれば補助を取りやすいだろうという計算もあった。採択を受け、参加アーティストを公募し新たに飯沢康輔、荻原貴裕、吉野祥太郎の3名の参加が決まる。南条、鈴木、橋本も再来訪、小作品の展示等で参加した。結果、空き町屋も含む6会場で10作品を展示する企画になった。

第3章 水と土の芸術祭と小須戸ARTプロジェクト　113

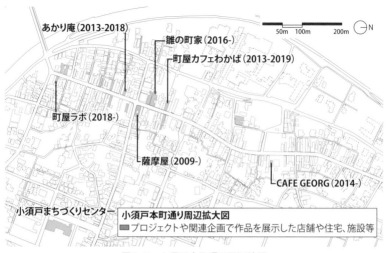

図3-3　小須戸本町通り周辺地図

表3-2　各回の小須戸ARTプロジェクトの作家数、会場数事業内容

年度	主催	作家数(組)※	会場数(箇所)	作品展示	WS	トーク	美術館連携	芸術祭連携
2013	小須戸コミ協	3	2	○	○	-	○	-
2014		6	6	○	○	-	-	-
2015		8	7	○	○	-	-	○
2016		11	7	○	○	○	-	-
2017		6	8	○	○	○	○	-
2018		3	8	○	-	-	-	○
2019	実行委員会	3	5	○	-	○	主催の変更により終了	芸術祭終了により終了
2020		2	-	-	-	-		
2021		5	3	○	-	○		
2022		5	6	○	○	-		
2023		3	2	○	-	-		

※作家数には展示作家に加え、WSやトーク、リサーチでの参加者数を含む

　こうして小須戸ARTプロジェクトは始まり、以後もトークイベントの開催、美術館や芸術祭との連携などを行いながら継続してきた。表3-2に各年の参加作家数と会場数、事業内容をまとめておく。2015年度から2017年度の各年度の事業については『芸術祭と地域づくり"祭り"の受容か

ら自発・協働による固有資源化へ』に詳しい[12]。文字数の都合もあり、本稿では2018年度以降のプロジェクトを中心に紹介したい。

[2-4] 水と土の芸術祭2018と小須戸での取り組み

　AC新潟が2017年度に薩摩屋で行った「人材育成プログラム」で、筆者がモデレーターとして登壇していたこともあり、2018年の芸術祭に向けて、小須戸での取り組みを地域拠点プロジェクトに応募することは自然な流れだった。

　地域拠点プロジェクトの申請前には、AC新潟へ相談が必要だった。その際、AC新潟より、秋葉区では合併後の区名をめぐる議論の影響で区としての一体感が薄いから、それをアートプロジェクトのテーマにしてはどうか。2017年度の人材育成プログラムで筆者と対談したアーティスト深澤孝史（ふかさわたかふみ）を招聘し、秋葉区単位でのプロジェクトを行えないか、との提案があった。筆者はこれまでの小須戸ARTプロジェクトの延長企画で地域拠点プロジェクトに申請するつもりだったが、薩摩屋は区内の文化施設連携の枠組みで公開していたこともあり、秋葉区単位の動きも必要と考え、これを企画化することにした。

　旧小須戸町は水運で栄え、旧新津市は石油の産出で知られることから、事業名を「水と油の芸術祭（仮）」とする。企画を深澤に打診して快諾を得るが、深澤はその年、大地の芸術祭での制作もあり多忙だった。会期前に2度リサーチに訪れるが、事業内容は固まらない。芸術祭開幕後の8月になり深澤のリサーチが本格化、区内の住民インタビューをもとに次第に事業が固まり、同時に制作も進んでいった。9月には展示公開に至り、結果、7つの作品展示と2つのイベントを実施した。たとえば、うららこすどでは、信濃川沿いで栽培が盛んな花卉を地域で採取した油混じりの水で育てる作品《油水で木花を育てる》、薩摩屋では旧市町の形を模したテーブル《秋葉区のテーブル》などが展示された。そして、このテーブルで区について語る「秋葉区民会議＆区民の懇親会」や、旧市町の境界線に近い公園には植樹式を催して《境界の記念樹》を植えるイベントを催した。植樹式には、同日に区を訪れていた移住体験ツアー参加者も立ち

写真3-3　水と油の芸術祭の一環で行った《境界の記念樹》植樹式（2018）

会った（写真3-3）。

　地域拠点プロジェクトとは別に、「小須戸ARTプロジェクト2018」も実施する。この年は地域拠点プロジェクトの負担を考慮し新たなアーティストを公募せず、過去の参加アーティストから再び小須戸を訪れて実施したい企画を募集し、うち3つを実施した。南条嘉毅の《町屋ラボ》、飯沢康輔の《小須戸の看板娘》、鮫島弓起雄の《八百万シリーズ》である。

　《町屋ラボ》は、新たなプロジェクトの拠点整備の取り組みだ。2013年のAIR事業立ち上げ後にアーティストの滞在拠点としてきた薩摩屋には、環境面や設備面での課題も多かった。南条の提案は、空き家などを活用し、新たな滞在拠点《町屋ラボ》を整備するものだった。物件探しが課題だったが、筆者の親戚の持ち家の空き家を借用し、整備することになる。主に5月から6月の間にDIYで整備し、芸術祭開幕にあわせて公開した。

　飯沢は居住する群馬県中之条町で前年に開催された中之条ビエンナーレで、大判ケント紙に地域住民の顔を鉛筆で描いた作品を発表していた。《小須戸の看板娘》はそれと同様の手法で、8軒の商店の看板娘（猫1匹含む）をモデルに制作した作品だ（写真3-4）。飯沢は会期中に何

写真3-4　飯沢康輔《小須戸の看板娘》(2018)

度も小須戸を訪れ、町屋ラボで公開制作を行った。

　鮫島が制作した《八百万シリーズ》は、不要になった金属部品とモルタルとを組み合わせた立体作品だ。作品に使う金属部品は地域の方々から提供を受け、壊れたタイプライターやキックボードなどから可動する部分をピックアップして作品に使用した。6つの会場に12柱が展示された。

　この年、筆者は他にもう1つ市民プロジェクトに関わった。2017年度にAC新潟の打診で受け入れたプロジェクトスクール＠3331受講生の提案企画、「KOSUDO TEXTILE WINDOWS 2018」を実現する取り組みだ。受講生4名が2017年10月に小須戸をリサーチし、シャッターではなくカーテンを付けた空き店舗や住居が多いという気付きと、機業で栄えた歴史を踏まえ、カーテンをテキスタイル作品に置き換えることで新たな展示会場の開拓や、空き家の活用につなげられないか、という提案をしていった。これを実現し、6名のアーティストやデザイナーが、小須戸縞で作ったドレスや、イラストが描かれたカーテンなどの作品を8か所で展示したのだ。

　こうして2018年の芸術祭中、小須戸では3つの市民プロジェクトが行

第3章　水と土の芸術祭と小須戸ARTプロジェクト

われた。事業費は計200万円以上、10名のアーティストやデザイナーが参加し、商店街を中心とした15の会場で多様な作品を展示した。来場者数は土日祝日のみ公開の薩摩屋だけで1,564人を数え、会期中は毎週のように視察等が続き、これまでのプロジェクトの集大成といえる開催となった。

[2-5] 地域拠点プロジェクトの取り組み状況

　最後に、地域拠点プロジェクトの取り組み状況について補足しておく。

　まず、小須戸を含む秋葉区の動きを紹介しておく。区内の市民プロジェクトは筆者が関わる先の3件に、旧新津市のガラス工場・秋葉硝子の地域拠点プロジェクトが加わる計4件だった。そこで、筆者と秋葉硝子の担当者で相談・調整し、区単位での合同広報用チラシやWEBサイトを制作し、広報面で連携を図る[13]。そして、薩摩屋で小須戸縞と秋葉硝子製の風鈴傘を用いた風鈴組み立てワークショップを行った。他にも、中央区の地域拠点プロジェクト「礎窯 ONE MORE CUP STORY」の出張作陶体験の実施など、筆者としては積極的に地域拠点としての役割を果たしたと考えている。

　だが、他の地域拠点では、こうした連携はほとんど取り組まれていなかった。端的に言えば、拠点内に他事業のチラシを設置しただけという状態が多かったのだ。

　その背景に触れておきたい。地域拠点プロジェクトの採択決定後に一度、採択団体の代表が集まってミーティングが行われた。その席では、地域拠点の趣旨を踏まえて全体での連携を検討すべきだとの提案がなされたが、採択事業とは別に連携を図るための予算や人員を考慮しておらず、連携や新たな取り組みは難しい、という意見も出された。全体での議論はまとまらず、最終的には連携を希望する採択団体間で個別に調整することになったのだ。

　なお、このミーティング自体も市民有志の主催で、筆者も主催に名前を連ねていた。この状況からわかる通り、地域拠点プロジェクトであっても、芸術祭事務局は採択後から実施までのフォローアップをほとんど行えず、

多くの地域拠点は期待された役割をほとんど果たせなかったのだ。

3. 芸術祭終了後、パンデミック下のアートプロジェクト

[3-1] 市民プロジェクトの終焉

　芸術祭が終了した翌2019年度も、市は市民プロジェクトを継続する。だが、制度内容には見直しが入った。補助上限額は100万円に拡充された一方で、補助率は2018年までの8割が5割に引き下げられた。上限額が引き上げられたことでより大規模な事業の実施が可能になったが、補助率の引き下げは、高い補助率に頼って活動していた市民にとって大きな負担になっただろう。

　この年の募集・審査の結果、15の事業が採択された[14]。筆者は職務で審査会に立ち会ったが、申請者は常連の団体や市民サポーターズの関係者がほとんどで、審査員が新しい取り組みを発掘する必要性を指摘していたことを覚えている。だが現実的には、芸術祭が終了し、補助率も下がった状況では難しかっただろう。応募団体ですら、必要な自主財源を十分に確保できず、事業規模を縮小せざるをえない団体も多い状況だった。

　筆者を含むAC新潟も事業実施に立ち会った。全体的に事業内容のマンネリ化も否めなかったが、それ以前の問題も散見された。たとえば採択時に条件が付いたある事業は、立ち合い時に条件が達成されていなかった。また、採択を受けたが期間内に事業を実施できない団体もあった。

　補助制度変更後のこうした状況は、実施団体の固定化が進み、さらにそれらの団体が自主財源の確保や拠点の整備、人員体制などの運営基盤が脆弱なまま、市民プロジェクト補助金に依存して活動を継続してきたという、これまでの補助制度が生み出した負の側面が表面化したものではないかと、筆者は考えている。

　パンデミック下となった2020年度も、市民プロジェクトの募集が行われる。前年同様4月末に募集情報の公開、そして5月中に応募締切の日程だったが、当時は全国に緊急事態宣言が発令され、不要不急の取り組み

の自粛が求められていた。当然、応募数は伸びない。その後、緊急事態
宣言が解除、活動再開の兆しが見え始めた7月に市民プロジェクトの追
加募集が行われる。最終的には7件が採択・実施された[15]。

　当時の社会情勢を反映し、密が生じるリスクを避けたオンラインでの映
像上映、記録映像制作などの事業も行われた。集客を伴う事業もあった
が、7月に市文化政策課とAC新潟が「新潟市文化芸術活動の実施に関
する感染拡大防止ガイドライン」[16]を示しており、そうした事業は市やAC
新潟が必要な感染症対策の確認を行った上で実施された。

　2021年度の市民プロジェクトも、募集はされど応募数は伸びなかった。
最終的には応募5件、審査を経て3件が採択・実施された。この年、筆
者は審査員を務めた。応募が伸びなかった理由は感染禍の根強い不安
による影響だけではないだろう。2012年の芸術祭を機に発足し、以後毎
年市有施設を拠点として活動してきた団体が、市有施設解体に伴い活動
を休止した例もあった。芸術祭終了から3年が経ち、実施団体を取り巻く
環境にも様々な変化があったと推測される。

　この年も感染状況による影響を免れず、特に実施時期による違いは顕
著だった。ある事業は8月末に子ども向け体験会を予定していたが、感
染拡大第7波のピークを迎えた時期と重なり、市の要請を受けて体験会
を中止にせざるを得なかったという。一方で9月から12月にかけての感
染状況は比較的落ち着いており、その時期に行われた他の2事業は、感
染対策を徹底しつつ概ね計画通りに実施できたという。未だ集客を伴う
事業の実施する見通しを立てることは非常に難しい時期だった。

　そして2022年度には、市民プロジェクト補助制度は市の財政集中改革
プランの一環でAC新潟の助成事業に統合され、テーマ別プロジェクト助
成として一本化された。これで、制度としての市民プロジェクトは消滅する
ことになる。

　テーマ別プロジェクト助成は、助成上限額50万円、助成率は2/3（2年
目は1/2、3年目は1/3と逓減）で、最大3回までの回数制限がある。筆者
も制度設計に携わり、市民プロジェクト実施団体の申請も想定されていた。
だが、筆者が在職中の2023年6月末までの間に、市民プロジェクト実施

団体がこの助成に申請し、採択された例はわずか1件だ[17]。さらにいえば、市民プロジェクト実施団体のAC新潟への相談自体がほとんどなく、制度の終了とともに、市民プロジェクトとして行われてきた活動も減っていった。

[3-2] 芸術祭後の小須戸ARTプロジェクト

話を2019年度の小須戸に戻す。この年は小須戸ARTプロジェクトも、運営体制や運営方法を大きく変更したタイミングだった。大きな変更点は次の3点である。

第1に財源の変更だ。この年から、市民プロジェクトをはじめとした市の補助金から距離を取ることにした。これは、筆者が業務上市の制度に近い立場になったための判断だ。実態として、芸術祭事務局職員やAC新潟の職員が「市民の立場」、あるいは団体構成員として市民プロジェクトに応募、実施した例もあった。それを可と見るか否と見るかの判断は分かれるだろうが、周囲に疑念を持たせる危険性は多分にある。筆者は、そうした疑念の種はない方が良いと考えたのだ。

第2に主催の団体である。これまでの小須戸コミ協から、筆者を中心にプロジェクトに協力してくれる近所の店舗の方数名で新たに設立した任意団体「小須戸ARTプロジェクト実行委員会」に変更した。変更の理由は、小須戸コミ協の体制変更に伴う組織の変化と、筆者がそれにより動きづらさを感じたためである。

第3に拠点の変更である。当初薩摩屋の活用のための企画として立ち上げたプロジェクトだが、主催の変更で薩摩屋に縛られる必要がなくなった。また、2018年に町屋ラボ（写真3-5）を整備し、筆者自身が借り上げていたことから、以降のプロジェクトでは町屋ラボを拠点にすることにした。

こうして小須戸ARTプロジェクトは、これまで主な財源としてきた市民プロジェクトの補助を離れ、母体としていた小須戸コミ協から独立し、自主管理する町屋ラボを拠点に活動を継続することになる。当プロジェクト

写真3-5　町屋ラボの内観（2018）

がこうした形で継続できたのは、過去にも他助成金に申請、採択された実績があり、また、活動の継続でノウハウを蓄積しており、参加アーティストの増加によるネットワークの広がりがあり、拠点整備に着手していたという、これまでの活動の成果を最大限に活かせたことによる。なにより、一緒にプロジェクトを続けたい協力者を増やすことができたことが大きい。

　2019年度からは、民間財団の助成金を獲得し、それを主な財源としてプロジェクトを実施していく。この年は公募でAYUMI ADACHIとOSG（久留島咲、新屋伶子のアートユニット）の2組が参加した。
　香港を拠点に活動していたAYUMI ADACHIは、先々日本に拠点を戻す考えがあり、日本のAIRを探す中で、知人のSNSを介して募集を知り、応募したという。新屋はパートナーの転勤で新潟に移住してきた。友人・知人が少ない土地でも、芸術祭開催をきっかけに新潟市が廃校となった旧二葉中学校校舎を改修して設置した「ゆいぽーと」で行われているAIR事業に参加するなど、アート活動を模索する中で募集を知り、応募したという。応募時に自身が妊娠中であったこともあり、大学時代の知人

写真3-6　AYUMI ADACH《Line -線-》(2019)

である久留島に声をかけ、即席のアートユニットOSGとしての参加となった。

　ADACHIは、様々な太さの黒い線が描かれた大量のトレーシングペーパーを丸め、重ね、吊るすことで空間全体を埋め尽くすインスタレーション作品《Line -線-》を町屋ラボで展示した。線はそれを描いた一瞬、その刹那を意味し、それが積層した作品の空間は、ADACHIが過ごした時の積層だった（写真3-6）。

　OSGは、栄森酒店とあかり庵、町屋カフェわかばの3か所で展示を行う。栄森酒店では、以前酒を冷やすために使用されていた店舗の穴蔵をギャラリー化した《穴蔵ギャラリー》、あかり庵では噂話の伝達速度から感じた地域コミュニティの濃密さを特色ととらえ、それを地名と掛け合わせた体験型の作品《コソド神輿》、そして、町屋カフェわかばでは、2人がそれぞれ気に入った小須戸のスポットを各自が平面と立体で表現した作品を、それぞれ展示した。展示に加え、オープニングとクロージングにトークイベントも催した。オープニングは、新潟市のAIRをテーマに、ゲストにゆいぽーとの小川弘幸、Art unit OBIの本間智美を招いて、栄森酒店で

第3章　水と土の芸術祭と小須戸ARTプロジェクト　　123

写真3-7　小須戸ARTプロジェクト2019クロージングトークの様子（2019）

開催した。クロージングにはCAFE GEORGを会場に、南条嘉毅が「アーティストの"場所"と"制作"」と題して講演した（写真3-7）。

　運営体制に大きな変更はあったが、会期は無事終了する。ただやはり集客には苦労もあった。これまでのような小須戸コミ協単位での告知が難しく、会期最終末に地元紙に掲載されて巻き返しはしたが、町屋ラボの来場者は会期中に100名程度とそこまで伸びなかった。また、総事業費は30万円弱と前年度に比べて大きく縮小した。自主財源確保のため、事業チラシへの有料広告掲載や、町屋ラボで催したフリマイベント「町屋でフリマ」の売り上げを事業費に充てるなど、工夫をしての運営となった。

　そして地域の動きに目を向けると、会期終了とともに町屋カフェわかばが閉店する。前年にあかり庵も閉店しており、地域は一時の出店ラッシュ時のような勢いを失ったように感じられた。

　2020年2月よりパンデミック下となるが、幸いなことに2020年度もプロジェクト実施に向けた民間助成金は採択されていた。問題はどのように実施するか、その方法だった。

パンデミック下では、各地のAIR事業も実施方法の再考を余儀なくされていた。たとえば、人員や設備が十分な事業ではオンラインでのAIRプログラムが実施されていた。だが、市民活動で運営している当プロジェクトでは、そのような対応は難しかった。また、町屋ラボをはじめとする地域の空間資源の活用が事業の大きな目的であり、そのためにアーティストの現地滞在を重視していた。そこで苦肉の策ではあったが、移動制限のない県内在住者に限定し、次年度以降の成果発表に向けたリサーチを行う形で、参加アーティストを募集することにした。

　募集の結果、当時長岡市在住のメディアアーティストのノガミカツキと、イラストレーターのborutanext5、2名の応募があった。この2名は夫婦で、主に国外で活動していたが、感染拡大の影響で海外での予定が全てキャンセルになったという。そして2名はノガミの実家に帰省中に移動が制限され、県内での活動を模索する中で募集情報を見つけ、応募したという。ノガミは海外での活動を中心にしており、こうした状況でなければ新潟県内のAIRを調べることも、知ることもなかったかもしれないと話した。ネガティブな要素が多いのは間違いないが、こうした気付きや出会いは、数少ないコロナ禍のポジティブな部分といえよう。

　ノガミは小須戸から近い白玉の滝で行われる滝行に興味を持っていた。だが、白玉の滝の滝行の実施は冬季のみだったため、周辺で体験できる滝行を調べ、隣接する五泉市村松地区の山中で有志が行っている滝行の会に参加した。borutanext5は小須戸の町の中で作品のモチーフを探していた。町屋ラボのレトロな時計、町中の特徴的な建物のファサードや雁木のフレーム、廃業した洋装店の店頭に置かれたロックミシンなどをスケッチしていた。

　2021年度のプロジェクトでは、移動制限が解除されたことを受け、参加作家の募集範囲を全国に戻す。ただ、なるべく感染禍の終息を待ちたいと考えて、例年は秋に行う成果発表の実施時期を、年度内ぎりぎりの3月に設定した。そして、ノガミとborutanext5の成果発表に加え、新たに参加アーティストの募集を行い、成果発表枠で浅野ひかり、リサーチ枠で長谷部勇人の参加が決まる。

写真3-8　ノガミカツキ《雪解け》(2022)

写真3-9　浅野ひかり《小須戸スコープ》(2022)

126

会期を2022年3月に設定したが、この年は秋に感染状況が比較的落ち着き、冬に悪化した。新潟県内は1月21日にまん延防止等重点措置が適用され、適用期間が長引けば開催を中止せざるを得ない状況だったが、会期1週間前の3月6日に解除され、なんとか中止を免れた。

　ノガミは制作した映像作品《雪解け》を、リサーチレポートと同時に2020年度中に公開していた。町屋ラボの中庭に、町を訪れた期間中に目にした印象的なアイテム（馬頭観音像や糸巻きなど）が降り積もっていく映像作品だ。展示では町屋ラボの中庭を背にモニターを設置して上映し、同時に別部屋で滝行を体験した映像も上映した（写真3-8）。

　borutanext5は、木製のパネルにリサーチでスケッチしたモチーフをもとに描いたイラスト作品を6点制作し、CAFE GEORGの店内に展示した。描いたモチーフを紹介する解説を配布したことで、町を巡ってもらうきっかけにもなった。

　主に木材を素材として、和室や建具などを用いた作品を制作する浅野は、薩摩屋で、町屋の奥行きにインスピレーションを得て制作した《小須戸スコープ》（写真3-9）、地元の材木店で譲ってもらった銘木を模った型を展示し、在廊中は型を使って作った「銘木チョコ」を振る舞った。

　長谷部はその土地の特色ある素材を用いて楽器を制作している。まん延防止等重点措置適用中の2月にリサーチに訪れ、降雪の影響もあり動きにくい中だったが、制作に使う素材として、小須戸縞と、地域の材木店で黒柿の板材を入手していく。

　成果発表の実施にあたっては、ガイドラインに沿った感染症対策を行った。具体的には会場入り口に消毒液と来場者名簿を設置し、来場者へのマスクの着用呼び掛け、会場内の定期的な換気実施などを行って展示公開を実施した。また、大阪に拠点を移していた2020年度参加2名の作品展示は、リモートでの連絡を活用しつつ筆者が行った。

　2022年度も感染対策を行った上での開催となる。またこの年は、AIR事業立ち上げから数えて10回目の開催となった。その記念と事業費の確保も兼ねて、パンデミック下における県の文化芸術分野の支援事業「新潟県文化祭2022公募動画」の募集に応募した。活動に関する動画を制

写真3-10　中村岳《遡及空間》(2022)

写真3-11　藤田将弥《無極の回遊》作品解説の様子 (2022)

作し提出するとYouTubeで公開され、制作費として10万円が支払われた。それをプロジェクトの事業費に加えた。

　成果発表枠に中村岳と藤田将弥、リサーチ枠の三本木歓の参加が決まる。前年度参加の長谷部勇人も成果発表を行った。

　木材を組み合わせた大規模なインスタレーション作品を制作している中村は、地域の材木店から提供を受けた廃材を用いて、うららこすどの屋外で作品《遡及空間》を制作・展示した。プロジェクトでは例の少ない屋外での作品展示であった（写真3-10）。

　作曲を学んだ藤田は、小須戸縞を用いたサウンドインスタレーション作品《無極の回遊》を薩摩屋で制作・展示した。設置された小須戸縞を触るとその音が増幅され、そこにその縞模様からイメージした楽器の音色や、織機の音が合わせて聞こえてくる仕組みで、公開初日と最終日にはパフォーマンスも披露した（写真3-11）。

　長谷部はリサーチで入手した素材を用いて《リージョナルギター#1（小須戸縞）》と、《リージョナルギター#2（黒柿）》を制作。ギター好きな店主がいる栄森酒店と吉田菓子店の2会場に展示した。公開初日には2本のギターを用いて短時間の演奏も行った。

　建築を学びその後現代美術の制作に取り組んでいる三本木は、露店の仮設テントや六斎市に関心を持ち、1週間ほど滞在して、3・8の市のリサーチを行った。

　2023年の5月8日、新型コロナウイルス感染症の位置づけが5類感染症に移行し、制限はほぼ撤廃される。プロジェクトは通常通りの開催となる。公募により成果発表枠に髙橋キャス、リサーチ枠に大川友希の参加が決まる。昨年度リサーチ枠で参加した三本木歓の成果発表も行った。

　三本木は、展示に先立って実際に仮設テントを立てて3・8の市に出店し、来場者と物々交換を行った。出店時に用いた道具類や前年のリサーチの成果を市の広場近くの空き倉庫内で再構築し、インスタレーションとして作品化した（写真3-12）。

　地域おこし協力隊の傍らイラストレーターとしても活動する髙橋は、約2か月間町屋ラボに滞在しながら、滞在中に感じた人と自然のインスピレー

写真3-12　三本木歓《市の荷をまとめる納屋》(2023)

写真 3-13　髙橋キャス《新潟について —小須戸》(2023)

ションをもとに、水彩絵の具とペンで大きな平面作品を描いた。合わせて小作品やポストカードなどの販売も行った（写真3-13）。

古布や古着を用いて「柔らかい彫刻」の制作に取り組む大川は、小須戸縞に着目してリサーチを行った。小須戸縞の職人宅でヒアリングを行い、機織工場の史料が寄贈された新潟市歴史博物館や、手織りでの小須戸縞生産に取り組む福祉事業所も訪れた。

運営体制の大きな変更、パンデミック下での様々な制限による不自由もあったが、それによる出会いもあり、支援制度も活用した。芸術祭終了後から現在まで、状況に合わせた様々な工夫をしながら、プロジェクトを運営できたのではないだろうか。

4. パンデミック後の芸術祭・アートプロジェクトに向けて

[4-1] 市民プロジェクトに関する諸課題の整理

水と土の芸術祭の開催を機に多数実施された市民プロジェクトは、芸術祭の終了、パンデミック、2つの転機を経てほぼ終焉した。芸術祭の終了とその後の市民プロジェクト補助制度の変更は、実施団体の多くが高補助率の補助金ありきで活動を継続していたという、制度が生み出した負の側面を表面化させ、直後のパンデミック下での活動制限、あるいは時間経過による環境の変化で、活動は減少した。結果、パンデミック後といって差し支えない2023年度も、市民プロジェクト補助制度を引き継ぐ形となったAC新潟の助成事業の採択件数も低調なままだ[18]。

もちろん市民プロジェクト実施団体の中には、市の補助金やAC新潟の助成金を離れて活動を継続している団体もある。目的を果たせば活動を終了するのも自然なことだ。だが、市民プロジェクトで行われた多くの活動が目的を達成したのかの検証すらなされていないことも事実だ。地域拠点プロジェクトを例にすれば、プロジェクト間の連携などほとんど無く、目的を達成したとはいい難いだろう。さらにいえば、地域の課題解決に取り組むには長期的な視点が必要だが、当時の地域拠点で、今も当時の活動を継続している例はほぼない。多くが活動を休止したか、活動

が立ち消えているのだ。

　このような状況に至った原因を考えたい。まず、市民プロジェクトを推進してきた市の責任は大きい。多くの市民プロジェクトはもちろん、地域拠点プロジェクトですら、実施前後のフォローアップをほとんど行えていなかった。芸術祭終了後の制度の存在意義を再定義・再構築できなかったことも問題だった。その結果、固定化した実施団体のための補助制度から脱却できなかったのではないか。

　市民の文化芸術活動の支援を担うはずのAC新潟も、ほとんど機能しなかった。この指摘は同時に、渦中でAC新潟のスタッフだった筆者の力不足を示すものでもある。だがそれ以前に、2017年に人材育成プログラムの実施、そして地域拠点プロジェクトの申請に向けた相談を通して強く介入しながら、いざとなれば主体的に関わらないことにこそ表れている、市民の現場を顧みないAC新潟の態度と、そうした対応を受けての市民プロジェクト実施団体との相互不信こそが根本的な問題だったことを、筆者は強く指摘しておく。

　市民プロジェクト実施団体も、補助金依存からの未脱却、活動内容のマンネリ化も問題だった。特に、採択額が優遇された地域拠点や、芸術祭で縁のできたアーティストとの交流を継続したプロジェクトは、取り組みの成果をより明確に示すべきだっただろう。各実施団体は、客観的なデータやエピソードをもとに成果を言語化する努力と、それをもとに活動への理解者を増やす必要があった。それがなければただの同窓会、内輪のサークル活動に過ぎないという批判は免れず、公的支援の意義は薄れる。そして、この指摘も筆者自身への自戒も兼ねるが、本来であればそのような部分こそ、AC新潟のような専門組織が支援すべきではなかったかと考える。

［4-2］小須戸ARTプロジェクトの成果を考える

　このような指摘をする以上、筆者が行ってきた取り組みの成果や意義について、ある程度客観性を持った上で、考えを述べておく必要があるだろう。プロジェクトを継続してこなければ生じなかったいくつかの地域の

変化を、成果として示していきたい。

　はじめに、他組織からの評価を挙げておく。2017年にプロジェクトが1つの要因となって小須戸地区が市の移住モデル地区に指定された[19]ことは代表的な例だろう。指定に至る経緯に様々な事情はあったが、他分野、ここでいえば移住定住の促進に向けてプロジェクトの意義が評価されたといえよう。他にはたとえば、ゆいぽーとでの「小須戸ARTプロジェクト紹介展」の実施[20]、本章の執筆も活動の評価によるものだろう。

　ついで、町屋ラボの整備・公開は、具体的な空き家活用の取り組みである。空き家の増加が社会問題化する中、プロジェクトを通して空き家を活用し、イベント時には県内外を問わない集客につなげられていることにも意義があろう。資金確保のために始めた「町屋でフリマ」も、今では時に行列ができる程の人気イベントになっている（写真3-14）。

　さらには、2023年4月には地域への持ち込み企画があり、ほしぷろ主催の「『なめとこ山の熊のことならおもしろい。』」のツアー公演を実現した（写真3-15）[21]。小須戸での演劇公演は初の試みだったが、2日間の公演は両日満席の盛況ぶりで、地域内外を問わず来場があった。この企

写真3-14　「町屋でフリマ」の開催で賑わう町屋ラボ（2023）

写真3-15 「『なめとこ山の熊のことならおもしろい。』」ツアー公演（2023）

画が実現できたのは、滞在拠点と文化芸術活動で利用できるスペース、住民のアート活動への理解という、地域に外部からのアーティストを受け入れられる環境があったためで、この環境そのものが継続によるアウトカム、プロジェクトの大きな成果だろう。

　最後になるが、参加アーティストのその後の活躍、特に、プロジェクトで生まれた出会いが新たな活動につながっていることも、プロジェクトの大きな成果だと考えている。たとえば、2013年に初参加しその後何度も小須戸を訪れた鈴木が、隣接する南区で活動していた本間と出会ったことでArt unit OBI[22]を結成しその後の活動につながったことは、その最たる例である。参加アーティストの活躍は同時に、プロジェクトで制作・展示される作品の質の担保にもつながる。南条をはじめとした多くの参加アーティストが各地の国際芸術祭に参加しているのはもちろん、ADACHIや都築のTARO賞入選[23],[24]など、参加後の活動で著名なコンペに食い込むアーティストも現れている。ノガミの作品「雪解け」の受賞[25]は、プロジェクトで制作した作品の直接的な受賞であり、うれしい出来事だった。

　とはいえ、地域の現状を見るに、プロジェクトの実施による劇的な変化

があったかといえばそうとはいえない。以前と比べても人口減少や店舗の廃業が進み、空き家は増加している。ただ、そのような状況は全国的な傾向で、年間数十万円のアートプロジェクトで大局を変えることができないことは、考えれば当然だ。

だからといって、決して無意味ではない。1軒でも空き家が活用され、1人でも地域に関わる人が増えている事実があるからだ。プロジェクトで生まれる住民やアーティスト、来場者との交流が地域に小さな変化を産み続け、何かのきっかけにそれがまた先につながる。プロジェクトを続ける意味は、その可能性、変化への期待にある。そして、そうした試みを続けることこそ、コミュニティや様々な仕組みが硬直化している地域にとって必要なことだと、筆者は考えている。

[4-3] パンデミック後の芸術祭・アートプロジェクトに向けて

新潟市内では、「水と土の芸術祭2009」の開催に端を発し、少なからぬ税金が投入されて、数多くの市民プロジェクトが実施された。しかし、それらの活動が実を結んだのかどうか、その検証はほとんどなされていない。芸術祭終了から時間が経った今からでも、全体の一部であっても、検証は必要だろう。本章は、芸術祭前から終了後、そしてパンデミックを経た新潟市の文化政策と市民プロジェクト補助制度の変化と、それらが市民によるアートプロジェクトへ与えた影響や、そこからみえた課題等の大枠を示しつつ、筆者自身の取り組みである小須戸ARTプロジェクトの変遷と成果を示すことで、その検証の一助にしたいと願うものでもある。

市民プロジェクトの顛末と小須戸ARTプロジェクトの現状を踏まえれば、決して真新しい知見ではないが、活動を継続し成果につなげるためには、補助金依存からの脱却、活動拠点や協力者の確保は必須だといえる。水と土の芸術祭や市民プロジェクトを例に出すまでもなく、行政への依存が過ぎると、首長の交代などによる政策変更によるリスクが大きくなる。そしていざ政策や環境が変わった時、それでも活動を続けたければ、自分たちで活動を続けていける体制をどこまで整えていたのかが問われることになる。活動の中で、継続に向けた体制整備を進めることが重要だ。

国際芸術祭はもちろん、近年は文化芸術や観光の振興、パンデミック下の経済対策、あるいは復興支援等という名目で、日本各地で行政の補助金をもとにした多くのアートプロジェクトやAIRが行われている。だが、パンデミックだけでなく他の災害も起こり得る中で、それらの活動の今後を長期的に見通すことは、やはり困難だろう。そのような現場で活動する市民やアーティストには、多くの市民プロジェクトと同じ轍を踏まないために、補助金抜きでも最小限で活動できる体制を構築すること、そして、かりに政策の変更、環境の変化があったとしても、取り組みを続けていく覚悟を求めたい。同時に政策立案者側には、現場で活動する市民やアーティストに寄り添った対応を切に願い、結びとする。

注及び引用文献：

1) 新潟市議会会議録平成22年3月16日文教経済常任委員会－03月16日-01号，平成22年9月21日文教経済常任委員会－09月21日-01号，平成22年決算特別委員会第1分科会－10月07日-04号等による

2) 新潟市文化スポーツ部文化政策課「水と土の芸術祭2018」，2020年，https://www.city.niigata.lg.jp/kanko/bunka/shinko/mizutsuchibunkasozo/mizu_tsuchi/mizu-tsuchi2018.html（参照2024-12-29）.

3) 新潟市文化観光・スポーツ部観光政策課「水と土の芸術祭2009総括報告書」，2010年，12ページ.

4) 新潟市文化観光・スポーツ部 水と土の文化推進課『水と土の芸術祭2012総括報告書』，2013年，6ページ.

5) 水と土の芸術祭2015実行委員会『水と土の芸術祭2015総括報告書』，2016年，8ページ.

6) 水と土の芸術祭2018実行委員会『水と土の芸術祭2018総括報告書』，2019年，8ページ.

7) なお、市民プロジェクトの前身である地域プロジェクトは以下の2パターンが実施された.
・地域の魅力発信コース（上限50万円）
・新潟市の魅力アップコース（上限100万円）

8) 小須戸ARTプロジェクト2016「小須戸夜話」第一夜（2016年9月17日開催）でのゲストアーティストの発言より.

9) 水と土の芸術祭2018実行委員会，前掲史料.

10) AC新潟「【終了しました】水と土の文化創造都市 市民プロジェクト2017 人材育成プログラムを開催します」2017年，https://artscouncil-niigata.jp/764/（参照2024-12-29）.

11) 新潟市文化観光・スポーツ部文化政策課「文化施設のあり方検討報告書」2012年，https://www.city.niigata.lg.jp/kanko/bunka/shinko/bunkagyousei/arikata-kentou.html（参照2024-12-29）.

12) 吉田隆之「芸術祭と地域づくり“祭り”の受容から自発・協働による固有資源化へ」水曜社，2019年，100ページ.

13) 水と土の芸術祭2018市民プロジェクト 秋葉区合同PRページ。https://satsumaya0.wixsite.com/mizutsuchi2018（参照2024-12-29）.

14) 新潟市文化スポーツ部文化創造推進課「水と土の文化創造都市市民プロジェクト2019」チラシより.

15) 新潟市「市民プロジェクト2020実施事業一覧」，2020年，https://warp.ndl.go.jp/info:ndljp/pid/11816212/www.city.niigata.lg.jp/kanko/bunka/shinko/mizutsuchibunkasozo/shiminproject2020.html（新潟市ページ削除済みのため国立国会図書館インターネット資料収集保存事業WARPより．参照2024-12-29）．

16) 新潟市文化スポーツ部文化政策課「新潟市文化芸術活動の実施に関する感染拡大防止ガイドラインの廃止について」2023年，https://www.city.niigata.lg.jp/kanko/bunka/bunka_covid19/bunka20200729.html（参照2024-12-29）．

17) 新潟障害文化地域推進機構が主催する「あしたの星2022」．2021年度市民P採択，令和4年度AC新潟テーマ別プロジェクト採択．

18) AC新潟「文化芸術活動に関する支援事業 令和5年度（2023年度）採択実績」，2023年，https://artscouncil-niigata.jp/grants-2/achievement/2023-1/（参照2024-12-29）．

19) 新潟市都市計画課「報道資料新潟市移住モデル地区＜HAPPYターンモデル＞の指定式（秋葉区小須戸地区）を行います。」，2017年，https://warp.ndl.go.jp/info:ndljp/pid/11169933/www.city.niigata.lg.jp/shisei/koho/houdou/pressrelease2911.files/171117-5.pdf（新潟市ページ削除のためWARPより．参照2024-12-29）．

20) 新潟市芸術創造村・国際青少年センターゆいぽーと「【企画展】小須戸ARTプロジェクト紹介展」，2023年，https://www.yui-port.com/event.php?q=4530（参照2024-12-29）．

21) ほしぷろ「ほしぷろ西会津・中郷・小須戸ツアー公演，『『なめとこ山の熊のことならおもしろい。』』」，2023年，https://hoshipros58.wixsite.com/mypage/nametokotour（参照2024-12-29）．

22) Art unit OBI, 2018年，https://artunitobi.wixsite.com/artunitobi（参照2024-12-29）．

23) 岡本太郎記念館「第24回 岡本太郎現代芸術賞」，2020年，https://taro-okamoto.or.jp/taro-award/24th/artists（参照2024-12-29）．

24) 岡本太郎記念館「第26回 岡本太郎現代芸術賞」，2022年，https://taro-okamoto.or.jp/taro-award/%e7%ac%ac26%e5%9b%9e/artists（参照2024-12-29）．

25) Image Forum 2022「東アジア・エクスペリメンタル・コンペティション」2022年，http://www.imageforumfestival.com/2022/program-competition（参照2024-12-29）

＊第3章で使用している表・図・写真のうち明記のないものは、小須戸ARTプロジェクト実行委員会に属する。

第 **4** 章

札幌国際芸術祭 2024
── 新しい芸術祭と市民との関わり

1. 市民参加の始まりと軌跡

　札幌国際芸術祭（以降 SIAF）は、2014 年に第 1 回目を開催して以来、芸術祭事業に市民の参画を促す仕組みを構築し、開催を重ねるたびにアップデートしながら、その理想的な形を模索してきた。

　過去 4 回の芸術祭に、事業設計、運用、マネージメントに携わってきた立場から、「SIAF2024」での取り組みにつながる経緯を踏まえて、そもそも市民が SIAF に参加する意義とはどういうものなのか、そして、どのような影響と変化をもたらすのかを紐解いていきたい。

[1-1] 開催までの道のりと創造都市

　SIAF と市民の関わりを理解するためには、まずは札幌における芸術祭の位置づけや成り立ちから説明していく必要がある。

　札幌市において芸術祭の開催に向けた機運の始まりは、2006 年の「創造都市さっぽろ（sapporo ideas city）宣言」[1]を行ったことに端を発する。創造都市[2]の理念は、以降札幌のまちづくり戦略における重要な上位概念として位置づけられることになる。また翌年の 2007 年には、「札幌市文化芸術振興条例」が施行され、行政の方針として芸術活動の重要性

と位置づけが明確になっていった。

　行政が、特に芸術文化活動の振興に寄与していくための制度設計に力を注ぐ動きを見せる一方で、札幌市に活動の拠点を置くアーティストや芸術関係者などを中心に、国際的な芸術祭（とりわけ当時は現代美術展・国際展）の開催を熱望する声が高まっていった。札幌市が「創造都市さっぽろ宣言」を行った2006年に、地元アーティストやアート関係者が主体となり「FIX・MIX・MAX！現代アートのフロントライン（最前線）」が開催され、札幌での現代美術展のモデル事業として注目を集めた。また、2007年には、「札幌 芸術・文化フォーラム（ACF）」が設立され、国際的な芸術祭の開催に向けた支援を表明。その後2009年の「札幌ビエンナーレ検討委員会」が設立されたことを皮切りに、2010年「札幌ビエンナーレ準備委員会」が発足、「札幌ビエンナーレ・プレ企画実行委員会」へと発展し、2011年にはSIAFの前身ともいえる、現代美術を中心とした展覧会が会期を分けて2か所の美術館で開催され、国際的な芸術祭の実現に向けた機運が醸成されていった。

　こうした地元アーティストや芸術関係者等の市民を主体とした民間での活発な議論と活動が後押しとなり、2012年に札幌市が「札幌国際芸術祭基本構想」を策定、「創造都市さっぽろ・国際芸術祭実行委員会（現在の札幌国際芸術祭実行委員会）」が発足する。また、札幌市役所内に国際芸術展担当部（現在の国際芸術祭担当部）が設置され、様々な専門人材を集めたアソシエイトチーム（筆者は、プロジェクトマネージャーとしてこのアソシエイトチームの一員として参画する）が結成されることになり、SIAFの開催に向けた実務的な取り組みがスタートする。

　そして2013年、初めての芸術祭開催に向けた準備が進む中、札幌市がユネスコ創造都市ネットワークへの加盟（メディアアーツ都市に認定）を果たしたことにより、SIAFが創造都市のシンボルイベントとして明確に示されることになった。

　行政主導によるまちづくり戦略の上位概念に位置づく創造都市の理念と、市民が主体となって開催の機運を盛り立ててきた国際的な芸術祭の実現がここに結実することになる。

こうした経緯を辿っていくと明らかなように、札幌における芸術祭は、主体的な市民の行動と参画なくしては実現し得なかった訳である。

[1-2] 市民参加の意義と課題

こうして、初めての芸術祭を迎える札幌においては、芸術祭自体が創造都市の理念の下、そのシンボルイベントとして位置づけられたことが、行政が主導する（あるいは公金を投じる）事業として大きな意味を持つ訳だが、そこに市民が参画することの意義もまた重要なポイントとして見出す必要がある。

創造都市さっぽろ宣言の要約として札幌市は、『「創造性に富む市民が暮らし、外部との交流によって生み出された知恵が新しい産業や文化を育み、新しいコト、モノ、情報を絶えず発信していく街」を目指すという意思を示す宣言』[3]と明言している。また、「文化芸術は、人々に感動を与え、その感動は人々を刺激し、新たな行動を起こすきっかけを作ります。また、その行動は、新たなコト、モノを生み出す創造的活動へとつながり、新たな商品、産業を生み出す原動力となると考えます。」[4]としている。

創造都市を創造都市たらしめる要因が、人々の創造性にあり、その創造性を触発する取り組みが文化芸術活動にあるとするならば、その象徴的な取り組みであり、ハレの舞台である芸術祭に、市民が積極的・主体的に参画することが望まれるのは至極当然であるといえる。

しかしながら、こうした行政の指針や動きは、多くの市民の関心ごととして受け止められることは難しい。特に「SIAF2014」開催前の実態としては、一部の行政セクションと、芸術祭の実現に尽力してきた文化芸術に関心の高い一部の市民にしか認識を持たれていないというのが実情であった。

札幌にとっては前例のない国際的な芸術祭の開催に向けて、190万人を超える市民に、芸術祭の開催意義を説き、その参加をいかに促していくか、芸術祭と市民の関わりを模索する旅がスタートする。

全国的にはすでに多くの前例があった訳だが、札幌市民にとって特に現代アートを中心とした美術展や国際的な芸術祭という事業をイメージす

るには、地元での前例はまだまだ乏しく、また、巨額の公金を投じる事業であるが故に、シビアな評価を受ける対象でもあった。さらには、芸術関係者の中にも、芸術祭の開催に否定的な意見を持つ人も少なくなかった。

そこで注目したのは、芸術祭におけるサポーター（ボランティア）の存在であった。各地で開催されている芸術祭で成功事例として挙げられている取り組みの多くが、そうした市民の参加による活動に支えられていた。

芸術祭の成功の大きな要因の1つにサポーターの存在があるとするならば、例に漏れずSIAFにおいても、芸術祭の開催の意義を説く取り組みの延長線上に、多くの市民が参画し、開催期間中に展開する充実度の高い活動が展開されることが、何よりも重要であるという確信のもとに、その仕組みを構築する必要があった。

[1-3] サポート活動と市民参加の仕組みの変遷

「SIAF2014」は、ゲストディレクターに坂本龍一を迎え、「都市と自然」というテーマのもと、現代アートやメディアアートといった分野を中心とした美術展に加え、音楽、舞台芸術を含む多彩な芸術表現に触れる機会を提供し、札幌では前例のない規模で展開されることになった。

周知活動においては、初めての芸術祭ということもあり、その開催の意義を説く取り組みとして、社会的インパクトを重視したゲストディレクターによるシンポジウムの開催や、市民の関心度・認知の向上のためにアート以外の入り口を模索し、参加型のプログラムを多数実施した。

その中で芸術祭のサポート活動は、他県で行われている芸術祭での取り組みを参考に、各会場での来場者へのおもてなしや作品の見守りといった運営のサポート的な役割を中心に、手探りながらもその仕組みを構築していくことになる。

はじめに、活動の中枢を担うボランティアセンターの立ち上げから始まり、ついで、説明会への参加を通じて1,000名を超える登録者の確保を目標として進めていった。1,000名という数字に特別な根拠があったわけではないが、ただでさえ認知度の低いSIAFにとって、周知活動には高い目標を設ける必要があったことに加え、芸術祭の運営経験が乏しくそ

の体制に不安があったこと、そして達成した際の社会的インパクトを考えての目標値であった。

そのため、芸術祭が主催する説明会（写真4-1）だけでは目標値を超える登録者数を確保することは困難と判断し、札幌市内の大学や文化団体の協力を得て、市内各地で個別の説明会を繰り返し実施した。各説明会においては、芸術祭の開催を不安視する声や、周知活動に関する批判的な意見など、初めての芸術祭ならではのネガティブな声が多々あったことも事実だ。しかしながら、地道な説明の機会を積み上げていった結果、目標を超える1,300名以上の登録者を擁する、当時全国でも類を見ない巨大なサポートチームができあがっていった。

その後、登録者は、研修会やミーティングを経て、芸術祭の各会場での活動を実際に担っていくのだが、これだけ多くの人員を管理し、調整していくのは一筋縄ではいかないことは想像いただけるだろう。そこで機能したのはボランティアセンター（写真4-2）の存在であった。

当時のボランティアセンターは、アートプロジェクトや市民活動の経験が豊富なメンバーが集まっていたものの、芸術祭という大きな事業を運営した経験を持つ者は1人もいなかった。しかしながら運営面においては、登録

写真4-1　「SIAF2014」に向けて実施したボランティア説明会の様子（2014）

第4章　札幌国際芸術祭2024　143

写真4-2　ボランティアセンターと運営スタッフ(2014)

者全員に随時希望調査を行い、当人が希望する会場で活動の機会が巡ってくるよう柔軟に調整する仕組みを、全国の事例を参考にしながら、メンバーが知恵を出し合い独自に構築していった。

　また、開催期間中は、人手が足りない会場への人員の手配に追われ、欠員が出た際にはボランティアセンターのスタッフが会場に出向くこともあった。会場で問題が起きた際のトラブルシューティングや、活動に馴染めないサポートメンバーの再研修、時にはお悩み相談に至るまで、ボランティアセンターのスタッフが果たした役割と功績は計り知れないものがあった。

　「SIAF2014」でのサポート活動は、芸術祭としては全国的に後発であるが故に、前例となる取り組みを様々なポイントで参考としながら、当時の地域の状況に寄り添い、意欲的で献身的なスタッフ、関係者の努力によって独自の仕組みを構築するに至った(写真4-3)。

　その独自性は、芸術祭という大きな装置を活用した人間同士の新しい関係性を構築する仕組みであり、つまりノウハウ、マニュアルというものを構築することが極めて困難な、初めての芸術祭という絶対条件によっ

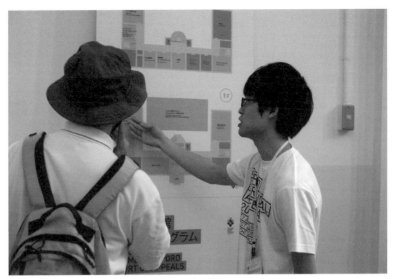

写真4-3「SIAF2014」でのボランティア活動の様子(2014)

て奇跡的に機能した取り組みだったといえるだろう。

　そのため、2回目の芸術祭となる「SIAF2017」に向けたSIAFのサポート活動は、芸術祭の継続性を占う意味において、初回で見出した多くの可能性と課題をベースにその形を大きく変えていくことになる。

[1-4] 主体的な活動を実現する仕組みへの転換

　サポート活動を大きく変えていく取り組みの1つが、「SIAF2014」にサポーターとして登録した方々と、今後の芸術祭の市民参加のあり方を検討するミーティング（写真4-4）である。約1年かけて計5回実施されたこのミーティングでは、「SIAF2014」での活動の振り返りをはじめ、それぞれのサポート活動に対する考え方の共有、そして芸術祭に必要な、或いは実現したい活動とはどういうものかの議論を積み上げていくことにより、次回の芸術祭でのサポート活動の方向性が見出されていった。

　特に、各会場でのおもてなしや見守りという部分においては、運営スタッフ（有償スタッフ）との役割分担（必要業務とサポートとの区分け）を明確にし、サポーターに過度な負荷がかからない仕組みを再構築するとい

写真4-4　ボランティアミーティング (2014)

う点、そして、サポーターが独自に企画し活動できる受け皿を作るという点の2点に議論が集約されていった。

　具体的には、「SIAF2014」での会場単位での活動から、「SIAF2017」では、事業・イベント・プロジェクト単位での活動に移行した。また、ボランティアセンターは、単に人材管理の中枢を担うだけではなく、サポーター独自の活動を企画運用するマネージメント機関として機能することになった。

　「SIAF2014」では、ボランティアセンターが主体となって、より多くのサポーターを集め、安定した運営を図ることに重きが置かれていたが、「SIAF2017」では、サポート活動に主体的な参加を希望する市民の熱意とアイディアによって、充実度・満足度を重視する方向に大きく舵を切った。

[1-5] 恒常的な活動と拠点形成

　こうしたサポート活動の新しい仕組みが確立されていく流れと並行して、札幌の中心地に位置する札幌市資料館（旧札幌控訴院）にSIAFラウンジ及びSIAFプロジェクトルームが設置され、恒常的な事業を展開する「SIAFラボ」が2015年の春にスタートする。ちなみに札幌市資料館は、

「SIAF2014」のメイン会場の1つであり、ボランティアセンターや、サポーターや市民による情報発信拠点となった「SIAF編集局」、そのほかアーティストによる参加型のプログラムなどを集約したアクティビティ拠点として機能していた。

「SIAFラボ」の取り組みは、3年に1度開催される芸術祭の本祭期間までをつなぐ周知活動の意味合いと、札幌独自の芸術祭の実現に向けた研究開発と人材育成に主なミッションが置かれた。

特に立ち上げ当初の具体的な取り組みとしては、札幌市民を対象に、現代アートやメディアアートといった芸術祭が核としている分野に関する知識を高めるためのレクチャーをはじめ、芸術祭や美術展、アートプロジェクトの運営の裏側を紹介するトークイベント、札幌の都市の成り立ちや歴史を学ぶ地域学的なワークショップなどを実施した。そして、札幌独自の芸術祭を模索するプロジェクトとして、「都市と自然」という普遍的なテーマを前提としながら、北国独自の気候、とりわけ冬や雪を新たな文化資源として表現活動等に活用すること模索する研究開発事業を、多くの専門家やアーティストとともに企画し実行することになった（写真4-5）。

写真4-5　SIAFラボでのワークショップ（2015）

第4章　札幌国際芸術祭2024　　147

この取り組みの狙いは、当然のことながら広く市民に対して芸術祭を普及することにあったと認識しているが、実のところ芸術祭をともに運営する仲間集め、人材発掘にこそ重要な意味を持っていたと考えている。特に地元のアーティストやアート関係者、文化施設、大学等の専門機関との関係性においては、芸術祭の本祭期間以外にも公に活動が動いていることで、実施するプログラムを通じて新たな出会いや協働の機会が生まれ、次の芸術祭での体制及びネットワークが強化されることにつながる。また、研究開発事業においては、アート以外の分野や専門領域にわたって芸術祭との新しい関係性が構築される可能性も十分に秘めていた（写真4-6-1,4-6-2）。

　「SIAFラボ」の取り組みは、札幌においての芸術祭の認知度の向上、そして開催意義の浸透といった啓発目的だけではなく、芸術祭を新しいステージへと押し上げるための原動力となる交流の場、プラットホームとして機能していくことになったと考えている。

　「SIAF2017」のディレクター大友良英が提唱した「芸術祭ってなんだ？」というテーマのもとにコレクティブな体制による多種多様な出来事が即興

写真4-6-1　氷柱を題材とした研究開発（2016）

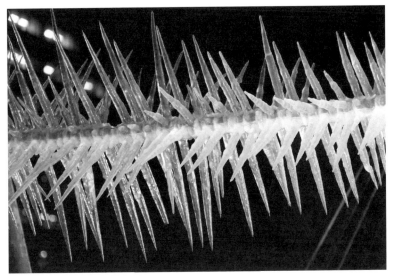

写真4-6-2　氷柱を題材とした作品（2016）

的に巻き起こり、複数のコミュニティが立ち上がる芸術祭が実現した背景には、このような恒常的な活動ができる場の設定と、地元のアート関係者を中心とする市民との関係性づくりを目的とした取り組みが展開できたことに大きな要因がある。

2.「SIAF2024」での新たな取り組み

　「SIAF2014」の立ち上げから始まり、2回目の開催となった「SIAF2017」までの変遷を辿ってきたわけだが、3回目以降の芸術祭に向けてはまた大きな変化を求められる状況となった。その要因はいくつかあるが、まずは、全国でも初めて札幌の芸術祭が冬期開催をめざしたこと。つぎに、コミュニケーションデザインの考え方を導入したこと。さらに、最後は新型コロナウイルスの感染拡大によって3回目の芸術祭が中止に追い込まれたことにある。

　本章の後半では、パンデミック後も意識した本書のタイトル『アートプロジェクトの変貌——理論・実践・社会の交差点』の考察を深めるために、

パンデミックで中止となってしまった3回目の芸術祭に向けた取り組みが、パンデミック後に実現した「SIAF2024」にどのように影響し、また新しい仕組みとして構築されていったのかについて述べてみたい。

［2-1］冬開催に向けた体制づくりとコミュニケーションデザイン

　前述のとおり、3回目のSIAFに向けては、札幌ではもとより、全国でも前例のない冬期の開催をめざしてその準備がスタートする。かねてより水面下では札幌・北海道の営みの特徴を最も体感できる季節として冬開催の可能性が検討されていたが、主に悪天候による交通障害などのリスクの大きさを考えてその決断が見送られてきた。とはいえ、冬開催をめざすことが決まった段階で我々はその準備にかからなくてはならない。

　しかしながら、過去2回の芸術祭を経て、恒常的な活動環境を整え、市民と芸術祭との新しい関わりを生み出していく仕組みづくりを模索してきた我々には、サポーターとは異なる、運営の担い手が乏しいという問題があった。

　そこで、これまでにサポーターとして登録をしてくれた方々や学生を主な対象に、芸術祭の運営を担うコーディネーターの育成事業をスタートさせる。

　「SIAF部」と銘打ったこの取り組みは、レクチャーやミーティング、プレイベント等での実習を通して、アートの現場でのコーディネートやマネージメントのノウハウを身につけ、SIAFのみならず札幌の文化芸術活動の担い手として活躍する人材を発掘・育成することを目的として実施していくことになった（写真4-7）。

　また、「SIAF2020」の方針としてコミュニケーションデザインの考え方を打ち出し、市民参加のあり方もまた新しい枠組みの中で構想が進められていった。

　新たなディレクション体制として、コミュニケーションデザインディレクターが新設され、そのポジションに田村かのこが就任すると、展覧会やイベント事業等で縦割りの構造で展開してきた広報活動、サイン計画、鑑賞プログラム、サポート活動などを横断的な構造に組み換え、新たにコミュ

写真4-7　SIAF部員による鑑賞ガイド（2019）

ニケーションのツールとしてデザインしていくという構想が立ち上がった。

　特に会場や作品、イベントを介して芸術祭と来場者がどのようにコミュニケーションを図っていくのかについては、当時注目した「アートメディエーション」の考え方や手法を軸に議論が展開され、徐々にそのイメージが形となっていった。

　「SIAF部」の活動においても、このコミュニケーションデザインやアートメディエーションの考え方をベースとしながら、参加するメンバーがどのように役割が果たせるのか、プレイベント等で様々な手法を試す機会を作り、本祭への準備を進めていった。

　またサポート活動においても、事務局が専門人材を集めて立ち上げた期間限定のボランティアセンターが主体となって運営を担うという従来のやり方を見直し、ボランティア等の運営実績とノウハウを有する外部団体（NPO法人ezorock）[5]に運営計画の立案段階から協力を仰ぎ、これまでの経緯や芸術祭の開催意義を共有しながら、実施に向けて協働していく新たな試みを始めることになった。

　こうして、冬開催に向けた運営体制の強化と、コミュニケーションデザイ

第4章　札幌国際芸術祭2024　　151

ンという考え方を導入した新しい芸術祭の形を模索する中で、市民参加の象徴となるサポート活動のあり方もさらなる進化をめざすことになった。

　ところが3回目の芸術祭開催まで1年を切った2020年春、新型コロナウイルスの感染拡大の影響を受けて「SIAF2020」は中止が発表されることとなる。

[2-2] パンデミック後の芸術祭と市民の関わり

　「SIAF2020」の中止発表後、それまでに準備を進めていたほぼ全ての活動が停止し、事務局は関係機関への対応や志半ばで中断となった各企画・プロジェクトの事後処理に追われる日々が続いた。

　当然サポート活動の仕組みづくりにおいても計画段階で中断をせざるを得ない状況があり、継続的に取り組んできた「SIAFラボ」や「SIAF部」の活動についても再開の目処が立たないまま時間だけが過ぎていった。

　そうした状況の中、「SIAF2020」コミュニケーションデザインディレクターである田村の発案により、これまでに醸成してきた市民との関係性を維持していくための施策として、「SIAFラウンジオンライン」を実施することになった。

　この取り組みは、対面での交流や活動が中断された状況の中でも実施が可能なコミュニケーションプログラムとして、芸術祭やアートに関心の高い人々がオンライン上に集い、芸術祭にゆかりのあるアーティストや関係者をゲストに招き交流するという内容で定期的に開催されることになった（写真4-8）。

　また、幻となった「SIAF2020」ではあったが、2020年12月から翌2月にかけて、「札幌国際芸術祭2020特別編」を実施し、そこに至るまでに準備してきた様々な事業の枠組みやコンセプト、そしてアーティストが構想したアイディアをまとめた展示や、「SIAF2020」の関係者と市民をつなぐオンラインでの配信プログラム「SIAF TV」の実施、SIAF部員によるアートメディエーションの実践など、次のSIAFへのバトンをつなぐための様々な仕掛けを展開した（写真4-9）。

写真4-8 SIAFラウンジオンライン (2022)

写真4-9 SIAF2020ドキュメント展 (2021)

　コロナ禍において経験した上記の取り組みは、今後の芸術祭のあり方そのものを再考するきっかけとなり、芸術祭と市民の関わりもまた、「SIAF2024」の実現にむけた構想において大きな変革をもたらすことになる。

第4章 札幌国際芸術祭2024　153

[2-3]「SIAFスクール」の設立の経緯と仕組み

　「SIAF2024」の開催に向けては、「SIAF2020」が中止となった影響を受けてまずは関係機関との関係性を再構築するところからスタートする。

　特にこれまでの芸術祭で会場としてきた美術館や文化施設との連携においては、「ふむふむシリーズ」と題したプログラムを計画・実施し、各館で自主的に開催している展覧会等の事業の広報や鑑賞プログラムを共同で企画した（写真4-10）。「SIAF2020」の特別編では苦肉の策として実施したオンラインによるガイドツアーをブラッシュアップした企画や、手話による鑑賞プログラムの実施などの新たな取り組みを、パンデミックの影響が残る状況の中でも地道に展開していくことによって、芸術祭と市民の関わりの新しい形をイメージする礎となっていった。

　そうした中、2022年1月に「SIAF2024」のディレクターに小川秀明が就任することが決まる。

　小川は、「SIAF2024」のテーマを「LAST SNOW」とし、方針として「創造エンジン」「文化インフラ」「市民参加」の3つのキーワードを掲げた。SIAFでは初めて「市民参加」というキーワードが前面に押し出される形となった訳だが、同時にそれは、単に芸術祭というイベントへの参加を促すのだけではなく、市民一人ひとりに、芸術祭の意義や、未来に対する

写真4-10　ふむふむシリーズ（2022）

問いを投げかけていくことを意味した。そして、見る側から参加する側へ、参加する側から共に創る側、自ら行動を起こす側へと芸術祭と市民の関わりの変容を促すことを意図していた。

　つまり、これまでのSIAFで試してきた手法や恒常的な活動を含めた考え方や仕組みを根底から見直し、そのあり方を新たなフェーズで検討していくことが必要とされた。「市民」とは誰か、「参加」とは何を意味するものなのか、芸術祭を通して実現したい未来とはどのようなものなのか。市民の関心度や世代に応じたプログラムの設計はもとより、関わり方の変容を促すプロセスにおいてもいくつかの仕掛けを用意する必要があった。

　こうして、今までにない新しい芸術祭を新しい考え方のもとに実現していく計画の中で生み出されたのが、「SIAFスクール」である。

　この取り組みは、「芸術祭を学校に見立てる」ということに尽きる。噛み砕いて説明するならば、様々な世代、分野、コミュニティに対応した参加型のプログラムを入り口として、未来に向けた創造的な活動を触発することを目的に、発見・体験・学びの場を提供するプロジェクトである。「SIAF2024」が実施する展覧会やイベント自体が学びの場となるという想定で、特に「未来劇場」と名付けられた会場がその中心的な役割を担うことになった。

　「SIAFスクール」の取り組みは、「SIAF2024」の開催期間中に展開されるプログラムを設計するだけではなく、むしろそこに至るプロセスに、芸術祭と市民の関わりの変容を生み出すプログラムの設計が求められた。そこで、対象となる「市民」の存在を文化芸術に対する関心度や世代、所属するコミュニティー等で分類し、芸術祭との関わりの可能性をあらためて検証しながら、「SIAFスクール」の構造と仕掛けを組み立てていった。

　まずは、先行して進めたプログラムとして、「SIAF2024」のテーマ「LAST SNOW」を読み解くレクチャーシリーズを実施。特にSIAFに関心の高い市民を対象に、サイエンス、自然環境、漫画、アイヌ文化、まちづくりなど、アートに限らず様々なキーワードを入り口に、それぞれの関心を寄せる内容を通して「SIAF2024」のテーマを考察する機会を生み出していった（写真4-11）。

写真4-11　LAST SNOW レクチャー（2023）

　このレクチャーシリーズは、6年ぶりに開催する「SIAF2024」の認知と期待感を醸成するためのPRであると同時に、後に展開するサポート活動への参加を促す呼び水とする狙いがあった。

　つぎに、過去のSIAFでは明確なアプローチができていなかった若年層、子育て世代との接続を目的に、教育機関との新しい関係性づくりを始める。

　「つながる×ひろがる×学校」と題したこの取り組みは、「SIAF2024」の参加アーティストが開発したWEBアプリケーションを小中学校の教育現場に出前授業という形式で持ち込み、「SIAF2024」を彩るアート作品の制作に子ども達に関わってもらうことを目的としたもので、芸術祭の新しい参加の形を模索する中で生み出された企画であった（写真4-12）。

　さらに、こうした教育現場で実施する企画を下支えするための活動として、教育とアートに関する課題を共有する場である「教育喫茶」を開設し、教職員や教育関係者が集い、SIAFが提供するプログラムの検証をはじめ、これからの未来に必要な教育とは何かを話し合い、自らの考えやアイディアを共有する機会を継続的に生み出していった（写真4-13）。

写真4-12 出前授業（2023）

写真4-13 教育喫茶のミーティング（2023）

　そのほか、高校生や専門学校生などを対象に、アーティストが開発したデザインツール「Comicaroid（コミカロイド）」を活用して制作されたマンガを募集する企画や、企業とのコラボレーションによる小学生を対象にし

たワークショップなど、「SIAF2024」のリソースを生かし、幅広い世代に対応する多彩な活動を展開するに至った。

　こうした事前の取り組みは、すべて「SIAF2024」の本祭期間における展示企画や新たな関係性づくりにつながるものとして設計され、特にその成果は「未来劇場」に集約されていくのであるが、サポート活動のあり方においても、そうしたコンテンツやリソースをもとに構造が組み立てられていく。

　「SIAF2024」のサポート活動は、「SIAF2020」で設計段階にあった内容をベースとしながら、NPO法人ezorockとあらためてサポーター事務局を組織し、仕組みを再構築していくことになった。特に「SIAF2020」に向けて重視したコミュニケーションデザインの考え方や、コロナ禍で設計した新しい関係性づくりとして2021年から始動した「ふむふむシリーズ」を発展させ、「SIAF2024」の中心地である未来劇場での活動を目標とする「ふむふむプロジェクト」と題した活動がスタートした。

　サポーターの主な役割は、会場案内、来場者のおもてなしを行う「ふむふむサポーター」と、さらに特別な研修を受け、会場でのガイドプログラムを通して、来場者の体験をサポートし、来場者と作品のつなぎ役となる「ふむふむガイド」の2種類とした。

　サポーター募集については、不安要素がなかったわけではない。「SIAF2014」の際の反省を踏まえ、「SIAF2017」以降はその役割を限定したことで大幅に登録者が減った（「SIAF2014」の登録者が1,319名の登録者に対し、「SIAF2017」の登録者は357名であった）。加えて、「SIAF2020」が中止になったことで約6年のブランクがあった。

　そこで、サポーター登録の方法、説明会や研修会の内容と開催頻度の設定は、手探りではあったものの、登録希望者のニーズに応えながら柔軟に対応する体制を構築していった。

　結果、「LAST SNOWレクチャー」からの流れや、サポーター事務局を担った団体のネットワーク、これまでSIAFとつながりの薄かった各種団体への呼びかけの成果もあり、「SIAF2024」ではサポーター登録者200名を超えた。また、研修内容に一定のハードルを設けた「ふむふむガイド」

写真4-14　ふむふむサポーター研修会（2023）

ではあったが最終的には認定者は42名となり、想定超える関心度の高さを背景に本祭の活動へと邁進することになる（写真4-14）。

[2-4]「SIAF2024」の成果と今後の市民との関わり

　こうして「SIAF2024」では、開催の約1年前から実施した「SIAFスクール」の各プロジェクトの展開が、特に未来劇場での展示や鑑賞プログラムへの足掛かりとなり、本祭期間中の活動の充実度に大きく貢献した。

　「つながる×ひろがる×学校」での成果は、開催期間中に参加校の生徒たちをバスで招待することで、多くの子どもたちが未来劇場に訪れ、自分たちが関わった作品を鑑賞するだけではなく、未来の学校に見立てた芸術祭の舞台を存分に満喫し、週末には保護者を伴って再訪する姿が数多くみられた。子どもたちが自らガイドマップを片手に保護者に作品解説を行っている姿は、ポジティブな未来を予感させる、まさに創造性と自らの行動を触発した成果であると考えられる（写真4-15）。

　「ふむふむプロジェクト」においては、特に「ふむふむガイド」による鑑賞ツアーが評判を呼び、連日多くの来場者との交流が実現し、来場者は

写真4-15　未来劇場 学校招待（2024）　撮影：クスミエリカ

写真4-16　ふむふむガイドによる未来劇場ツアー（2024）撮影：門間友佑

もとより、担い手となったガイドたちにも充実感を与える取り組みとなった（写真4-16）。

　芸術祭における「市民」とは、その地域に暮らす住民という括りだけで判断できるものではなく、関心のレベルや、コミュニティーの属性によってその関わりの濃淡が異なり、興味の対象もまた常に変化していく存在であることを意識しておかなくてはならない。

　そして、芸術祭への「参加」とは、必ずしも主体的な取り組みだけを指すのではなく、会場に足を運ぶ行為から始まり、共にアクションを起こすところまでの幅があることを前提に、そこからどのようなフェーズとプロセスを歩むかによって、参加意識あるいは当事者意識が醸成されていくのだと考えられる。

　「SIAF2024」の評価検証は今まさに始まったばかりであり、これまでの市民との関わり総括するには、まだ時間がかかる。しかしながら、「SIAF2024」で立ち上がった「SIAFスクール」の理念と仕組みは、過去10年間のSIAFが歩んだ道のりが生んだ産物であり、SIAFのみならず札幌の文化芸術活動を下支えする恒常的な文化インフラとして機能するモデル事業として参照されることを期待したい。

注及び引用文献：
1) 札幌市「創造都市さっぽろ（sapporo ideas city）宣言」, 2017年, https://www.city.sapporo.jp/kikaku/creativecity/creativecity/ideas_city.html（参照2024-6-19）.
2) 札幌市, 前掲web, 2017年.
3) 札幌市, 前掲web, 2017年.
4) 札幌市, 前掲web, 2017年.
5) NPO法人ezorockは、「社会を揺り動かす」という理念のもと、2000年に行われた「RISING SUN ROCK FESTIVALにおける環境対策活動」をきっかけに2001年4月に設立。青年層のネットワーク拡大とともに、北海道の地域課題に対して、若者のアイディアやパワーを届ける事業を展開。活動を通して若者が自らの人生と社会を切り開いていく機会を作り出しています。https://www.ezorock.org/（参照2025-2-24）
*本章の画像の提供：撮影者の明記のないものは、札幌国際芸術祭実行委員会事務局である。

おわりに

2024年2月海外ジャーナル『International Journal of Coltural Policy』に「ドクメンタ15」で起きた反ユダヤ的表現を有するとされた作品を巡る騒動に正面から向き合う論文「Epistemological shifts, power imbalances and conflicts at documenta fifteen: decolonial cultural policy conceptions beyond Eurocentric universalis」が掲載された。日本語に訳せば、「ドクメンタ15の認識論上の転換・権力不均衡・コンフリクト—ヨーロッパ中心主義を乗り越える脱植民地主義的文化政策の概念」となる。執筆者は、Meike Lettau（ツェッペリン大学ジュニアプロフェッサー／対外文化政策、国際文化関係）とÖzlem Canyürek（社会学者／インディペンデント・リサーチャー）である。彼女らによれば、「コンフリクトが起きた要因は、ドイツの文化セクターがヨーロッパ中心主義を乗り越える多様な認識の方法を内面化できてないからだ」という。「はじめに」で紹介した「ドクメンタ15をめぐるドイツ国内での騒動には、ヨーロッパが前提とするアートを覆そうとしたことに対して、アジア的な価値を周縁と割り当てるオリエンタリズム的発想が見え隠れしないだろうか」との問いにして、ドイツ国内の研究者から1つの解が示されたのだ。

著者の1人Özlem Canyürekとは、2024年5月に大阪公立大学で研究会をする機会をえた。彼女はいう。

"Germany is not yet ready for the decolonisation of knowledge, and there is strong resistance to change. In this context, documenta fifteen was like an earthquake. It shook documenta as an institution to its core. This impact may continue to resonate throughout the system in the future. I see it as a small but significant crack in the cultural landscape of Germany."

ドイツはまだ知の脱植民地化の準備ができておらず、変化することに強い

抵抗がある。このような状況で、ドクメンタ15は地震のようなものだった。制度としてのドクメンタを根底から揺さぶった。この衝撃は、今後も制度全体を揺さぶり続けるだろう。私は、ドイツの文化的風景に、小さいが重要な亀裂が入ったと考えている。

　翻って日本はどうだろう。欧米から見れば、日本はアジアの極東の島国として、オリエンタリズム的目線に晒されてきた。それに対してアジアの中では大東亜共栄圏の名のもと、他のアジア諸国の植民地支配を行い、ドイツのナチスによるユダヤ人迫害の歴史への反省とは対照的に、戦争加害者の歴史を顧みてこなかったのではないか。美術史も例外ではない。最近になり、小田原のどかと、本書執筆者の山本浩貴が編纂する『この国（近代日本）の芸術―〈日本美術史〉を脱帝国主義化する』（月曜社）が刊行され、その取り組みは始まったばかりだ。本書の1章6.では、シンポジウム会場からの「公共性とはなにか」との問いかけに対し、芸術祭や美術館で議論される公共性について「弱いもの、小さいもの、少ないものに目を向けたい」、「マジョリティに対してマイノリティが、自由に安心してものがいえる空間である」との応答があった。これらの日本が抱えるやや複雑な脱植民地主義の問題、公共性の意義について、本書の編纂を通して特に考えさせられた。ドイツで起きた騒動は決して対岸の火事でなく、日本の問題として受け止めることが必要だ。美術史を含む芸術理論など、欧米で蓄積された成果を活用しつつ、脱植民地主義、脱欧米中心主義を段階的に推進していくことが求められよう。

　一方、国内の実践事例として、第2章では、《森ラジオ ステーション×森遊会》を取り上げ、アーティスト、住民、ボランティア、行政など異質な人や組織が対等な関係のもとでネットワークを構築する姿を紹介した。第3章では、小須戸ARTプロジェクトを事例に、補助金依存からの脱却、活動拠点・協力者の確保が必須であることと、政策立案者側も現場に寄り添うことの重要性が指摘された。第4章では、「札幌国際芸術祭2024」を事例に市民参加の市民の多様性、参加の多義性について考察があり、「SIAFスクール」を恒常的な文化インフラのモデルとする提案があった。

おわりに　163

そこでは、日本独自の地域に根差したアートのあり方が示唆されていた。

　以上から本書を総括すると、ハイアート的要素、特に理論的な美術史の文脈が依然として重要であることを確認しながら、「ドクメンタ15」における欧米中心主義への対抗としての社会実践や、国内のアートプロジェクト・芸術祭の実践について紹介してきた。また、それぞれの意義についても考察した。では、美術史をはじめとする理論と社会実践は、どのように共存しうるのか。さらに、理論・実践・社会はどのように交差し、影響を与え合うのか。本書がこうした議論の深化に、わずかでも貢献できれば幸いである。

　本書の編纂にあたり中村史子、藤原旅人、山本浩貴、石田高浩、漆崇博の5人の中堅・若手の研究者、実務家に執筆をお願いした。内外のアートプロジェクト・芸術祭の研究をリードするに相応しいメンバーとなったと自負している。この場を借りて協力いただい執筆者の皆さまには感謝の意を表したい。

　大阪公立大学大学院文学研究科博士前期課程の堀本宗徳さんには、第1章で取り扱ったシンポジウムの文字起こしを担当していただいた。Özlemとの研究会には、大阪公立大学大学院都市経営研究科博士前期課程の荒益克文さん、金子松美香さん、修了生のF. アツミさん、本書執筆者の藤原旅人さんに参加いただいた。また、アーティストの木村崇人さんはじめ多くの関係者にご多忙な中、インタビューの協力をいただいた。これらの方にも謝意を示したい。

　最後に、出版に際しお声がけいただいた熊倉純子東京芸術大学教授、監修者の朝倉由希公立小松大学准教授、長津結一郎九州大学准教授、出版に尽力してくださった水曜社の仙道弘生社長に厚くお礼申し上げたい。

　本研究の一部は、JPS科研費JP20K12892、2023年度大阪公立大学学長部局重点予算、2024年度大阪公立大学戦略的研究推進事業（重点研究）による助成・支援を受けて行われたものである。

　また、本書と関連する論文は、次のとおりである。

吉田隆之「芸術祭を契機としてソーシャルキャピタルが形成されるのか―

森ラジオ ステーション×森遊会を事例に―」『地域活性研究』21号，2024年，181-190ページ．

分担執筆者プロフィール

吉田 隆之（よしだ・たかゆき）：編著者
はじめに、1章はじめに、1、5、2章、おわりに [略歴別掲]

中村 史子（なかむら・ふみこ）：1章2、5
大阪中之島美術館主任学芸員。2007 年〜 2023 年まで愛知県美術館にて学芸員として「放課後のはらっぱ」(2009)、「魔術 / 美術」(2012)、「これからの写真」(2014)、「生誕 120年 安井仲治」(2023) 等を企画、担当。また、あいちトリエンナーレにアシスタントキュレーターとして第 1 回から関わり、国際芸術祭「あいち 2022」(2022) のキュレーターを務める。主な外部企画のキュレーションに「Play in the Flow」（チェンマイ、タイ、2017）があるほか、雑誌や書籍等への寄稿多数。専門は視覚文化、写真、コンテンポラリーアート。

藤原 旅人（ふじはら・たびひと）：1章3、5
東京藝術大学未来研究場ケア＆コミュニケーション領域 Diversity on the Arts Project 特任助教。九州大学大学院芸術工学府芸術工学専攻博士後期課程修了。博士（芸術工学）。文化政策学、アートマネジメント学、ボランティア人類学を専門とし、日本全国で展開するアートプロジェクト・国際芸術祭を支えるアートボランティアの成立と展開を跡づけている。「さいたまトリエンナーレ 2016」サポーター・コーディネーター、アーツカウンシル新潟プログラムオフィサー、九州大学大学院芸術工学研究院附属ソーシャルアートラボテクニカルスタッフ、九州大学大学院工学研究院附属アジア防災研究センター特任助教を経て、現職にいたる。

山本 浩貴（やまもと・ひろき）：1章4、5
実践女子大学文学部美学美術史学科准教授。1986 年千葉県生まれ。一橋大学社会学部卒業後、ロンドン芸術大学にて修士号・博士号取得。韓国・光州のアジアカルチャーセンター研究員、香港理工大学ポストドクトラルフェロー、東京藝術大学大学院国際芸術創造研究科助教、金沢美術工芸大学美術工芸学部芸術学専攻講師などを経て、2024 年より現職。単著に『現代美術史 欧米、日本、トランスナショナル』（中央公論新社、2019 年)、『ポスト人新世の芸術』（美術出版社、2022 年）、共著に『レイシズムを考える』（共和国、2021 年）、『新しいエコロジーとアート まごつき期」としての人新世』（以文社、2022 年）など。共編著に『この国（近代日本）の芸術 〈日本美術史〉を脱帝国主義化する』（小田原のどかとの共編、月曜社、2023 年）。

石田 高浩（いしだ・たかひろ）：3章

小須戸 ART プロジェクト実行委員会代表、町屋ラボ管理人。1988 年新潟県生まれ。新潟大学大学院自然科学研究科環境科学専攻博士前期課程修了。建築・都市計画を専攻。在学中から地元である新潟市秋葉区小須戸地区の町並みまちづくりに参画し、卒業後も自治体職員として総務部門や社会教育部門の業務に携わる傍ら地域での活動を継続。2012 年開催の水と土の芸術祭を契機に小須戸 ART プロジェクトを立ち上げ、現在まで企画・運営。2018 年 7 月から 2023 年 6 月までアーツカウンシル新潟（公益財団法人新潟市芸術文化振興財団）に在職し、市民活動の現場を持ちつつ新潟市の文化政策に関わる。

漆 崇博（うるし・たかひろ）：4章

北海道石狩市出身。一般社団法人 AIS プランニング代表理事。北海道内でのアーティスト・イン・スクール事業をはじめ、アーティストや地域住民との協働によるイベント、アートプロジェクトの企画・運営・コーディネート等のマネージメントに関わり、アートと社会をつなぐ担い手として活動している。主な活動に、香川県観音寺市におけるアートイベント「よるしるべ」の企画・プロデュース、おとどけアート事業（札幌市でのアーティスト・イン・スクール事業）の運営・コーディネート、アーティストの創作支援を目的としたさっぽろ天神山アートスタジオの管理運営、札幌国際芸術祭の事務局マネージメントなどに関わる。

索引

AIR（アーティスト・イン・レジデンス）105,111,113,
116,122,123,125,127,136

Art unit OBI 123,134,

AYUMI ADACHI 122,123

BDS運動 21,

borutanext5 125,127

Eltiqa 22

FIX・MIX・MAX！現代アートのフロントライン
140

KOSUDO TEXTILE WINDOWS 2018 117

Lumbung Kios 23

Mohammed Al Hawajri 22

Nadegata Instant Party 61

Nhá Sán Collective 19,20,21

OSG 122,123

Party Office b2b Fadescha 21

SIAF2014 141,142,144,145,146,147,149,158

SIAF2017 145,146,148,149,158

SIAF2020 150,152,153,154,158

SIAF2024 139,149,150,153,154,155,156,
158,159,161

SIAFスクール 154-155,159,161,163

SIAF部 150,151,152

SIAF編集局 147

SIAFラボ 146,147,152

TARING PADI 15,16,24

TARO賞 134

The Question of Funding 21-22

WH22 19,21

アーツカウンシル新潟（AC新潟） 105,108-109,
115,117,119-121,131-132

アートマネジメント 5,12,25

アートメディエーション 151,152

アート・ワールド 12

アイガルス・ビクシェ 38,39

あいち2022 4,5,10-12,26-27,29,30,32,
33,34,35,68,75,79

あいちトリエンナーレ 4,14,24,26,28,
44,54,67,68,76

あいちトリエンナーレ2013 61

あいちトリエンナーレ2019 6,45,74-76

アイヌ文化 155

浅野ひかり 125,126

アセンブリ 55

天野太郎 65

新屋佩子 122

アルジュン・アパデライ 50

飯沢康輔 116117

礎窯 ONEMORECUPSTORY 118

いちはらアート×ミックス 6,79,81,85-86,92

いちはらアート×ミックス2014 88-89,96

いちはらアート×ミックス2017 86-87,88-89,91

いちはらアート×ミックス2020+ 87,88,92,94

市原アート×ミックス2024 87

市原湖畔美術館 84,86

ヴェネツィア・ビエンナーレ 27

ウクライナ戦争 3,12

内房総アートフェス 87

エドワード・サイード 51

エミール・バンヴェニスト 58

大川友希 129,131

大友良英 148

小川秀明 154

荻原貴裕 113

オムレオ 14

オリエンタリズム 5,10,13,25,50-51,54,60,
162,163

オンライン 17,45,50,56

河原温 28,29

菊池裕子 51

北川フラム 85.87

北澤憲明 54

木村崇人 6,86,87,89,164

金嬪娜 37

空間芸術 63

栗林隆 23,24

久留島咲 122

ゲームチェンジ 62,71,73

結束型ソーシャルキャピタル 81,84,96

公共空間 13,60,74-77

公共圏 76-77

公共性 74-75,163

黄金町エリアマネジメントセンター 65

國分功一郎 44,58

ココルーム	21
小須戸 ART プロジェクト	5,6,105,107,109,
	113-114,116,121,124,132,135
小須戸 ART プロジェクト2018	116
小須戸 ART プロジェクト実行委員会	121
小須戸コミュニティ協議会（小須戸コミ協）	
	111,121,124
小須戸町並み景観まちづくり研究会	109
こへび隊	40
小湊鐵道	84,85,89,92,
コミュニケーションデザイン	149,150-152,158
コモン	67,74
コロナ禍	44,45,70,83,87,93,94,97,100,125
	152,158
コロニアリズム	52
さいたま国際芸術祭	4,6,38,45
さいたまトリエンナーレ2016	38,39,40
斎藤幸平	67
齋藤純一	74
坂本治也	81
坂本龍一	142
佐久間隆義	85
札幌国際芸術祭	4,5,6,45,65,139,140
札幌国際芸術祭2020	45,152
札幌国際芸術祭2024	139,163
札幌市文化芸術振興条例	139
薩摩屋	109,11,112,113,115,116,118,121,127,129
薩摩屋 ART プロジェクト2013	113
ザビーネ・ショルマン	24
サポーター	6,37-42,43,44,45,46,47,57,
	64-67,68,69,75,91,97,119,
	142,145-146,147,150,158
鮫島弓起雄	116,117
多文化主義	51
参画の梯子	42-43
三本木歓	129,130
視覚中心主義	54
時間芸術	63
シドニービエンナーレ	56
資本主義	58-59,64,66
市民プロジェクト	105,106-109,113,117,118,
	119-121,121,131-132,135
ジャック・デリダ	53
シャワンダ・コーベット	55
ジャン＝ユベール・マルタン	52

集合行為のジレンマ	82,84
集合知	12,17,25,53
シュエウッモン	31,32
ジュディス・バトラー	55
新自由主義	58
鈴木恒雄	91
鈴木泰人	113
鷲見英司	80
責任	41-43,58-59,66,72-73,89,132
石油の世界館	110,111
芹澤郁夫	89
芹沢高志	65
創造都市	139-140,141
創造都市さっぽろ（sapporoideascity）宣言	
	139-140,141
ソーシャリー・エンゲイジド・アート	43
ソーシャルキャピタル	80-83,84,96,99,100-101
大地の魔術師たち	51,52
大地の芸術祭	4,40,70,80,85,86,115
髙橋キャス	129,130
田村かのこ	150
田村孝之	91
チェ・ジョンファ	38
チバニアン	95,97
中動態	44-45,58
月崎安由美会	91,96
寺尾仁	80
デルシー・モレロス	33
とかち国際現代アート展「デメーテル」	65
ドクメンタ・ハレ	18
ドクメンタ15	3-5,10-11,12-14,18,21,25,
	51,52,60-61,76,79,162,163,164
トランスフェミニスト	21
トリエンナーレ	5,10
取手アートプロジェクト	70-71,73,74
中之条ビエンナーレ	116
中村岳	128,129
南条嘉毅	112,116,124
新潟市新津美術館	110,111
新津鉄道資料館	110,111
西野達	112
ニュー・アート・ヒストリー	54
ネイションステイツ	50,54
ノガミカツキ	125,126
拝借景	73,74

橋本直明	113
橋渡し型ソーシャルキャピタル	80-81,83,84, 96,100,101
長谷部勇人	129
パブロ・エルゲラ	43
ハミッド・ダバシ	51
パンデミック	3-4,6,7,10,12,44,45,49-50,54,55,56, 70,105,119,124,127,131,135-136, 149-150,152,154
ハンナ・アーレント	72
万博	26-27,54,67,68
百年後芸術祭	87
表現の自由	6,13,21,24
平田オリザ	46
フィンセント・ファン・ゴッホ	22
深澤孝史	115
藤田将弥	128,129
藤野一夫	66
ブラック・ライブズ・マター	55
フリデリチアヌム美術館	16,17
ホダー・アフシャール	30,31
ボランティア	6,11,12,16,35,36,37-38,40-41,41-42, 43,44-45,46,47,57,58,61,62,63,64-66,67-68, 69,70,71,72,75,83,89,91-92,96-97,98,99,100, 142,143,145,146,151,163
ポンピドゥー・センター	52
本間智美	123
まちづくり	13,37,42,60,80,85,109,113, 139,140,155
町屋ラボ	114,116,117,121,122,123, 124,125,127,129,133
松本文子	80
水と油の芸術祭（仮）	115
水と土の芸術祭	4,5,6,105,106,108, 111,113,115,135
水と土の芸術祭2009	4,135
水と土の芸術祭2012	111
水と土の芸術祭2015	113
水と土の芸術祭2018	115
ミット・ジャイイン	33,34
メメントモリ	49
森ラジオ ステーション×森遊会	6,79,81,85,86, 88,91,100,163
矢垂川プロジェクト	107
山野真悟	65

やりがい搾取	65-66,67-68
ゆいぽーと	110,122,123,133
ユネスコ	140
横浜トリエンナーレ2005	41-42,65
横浜トリエンナーレ	4,65
吉野祥太郎	113
ラーニング	27,34
リタ・ポンセ・デ・レオン	30,31
リチャード・ロング	52
ルアンルパ	4,10,12-14,16,17,23,24,25, 53,60-62,74,76
ルル学校	13-14,60
ルンブン（Lumbung）	14,17,23
労働	58-59
ワカリガ・ウガンダ	18-19

編者：吉田 隆之（よしだ・たかゆき）
大阪公立大学大学院都市経営研究科教授。日本文化政策学会理事。博士（学術）、公共政策修士（専門職）。東京藝術大学大学院音楽研究科修了。愛知県庁在職時にあいちトリエンナーレ2010を担当。研究テーマは、文化政策・アートプロジェクト論。著書に『芸術祭と地域づくり"祭り"の受容から自発・協働による固有資源化へ』（水曜社、2019年）、『芸術祭の危機管理―表現の自由を守るマネジメント』（水曜社、2020年）、『文化条例政策とスポーツ条例政策』（吉田勝光との共著、成文堂、2017年）ほか。

アートプロジェクトの変貌
―― 理論・実践・社会の交差点

発行日　2025年3月27日 初版第一刷発行

編者　　吉田 隆之
発行人　仙道 弘生
発行所　株式会社 水曜社
　　　　160-0022
　　　　東京都新宿区新宿1-31-7
　　　　TEL 03-3351-8768　FAX 03-5362-7279
　　　　URL suiyosha.hondana.jp
基本デザイン開発　井川 祥子（iga3 office）
DTP　　小田 純子
印刷　　日本ハイコム 株式会社

© YOSHIDA Takayuki 2025, Printed in Japan
ISBN 978-4-88065-582-6　C0036

本書の無断複製（コピー）は、著作権法上の例外を除き、著作権侵害となります。
定価はカバーに表示してあります。落丁・乱丁本はお取り替えいたします。

アート関連書

観客が生み出すアートマーケティング
芸術祭と地域をコミュニケーションでつなぐ

佐野直哉 編
2,530 円

はじまりのアートマネジメント［新訂版］
芸術経営の現場力を学び、未来を構想する

松本茂章 編
2,970 円

社会包摂のためのアートプログラム入門
クリエイティブな活動がひらく健康・ウェルビーイング

野呂田理恵子 著
2,640 円

英国のコミュニティ・アートとアーツカウンシル
タンポポとバラの攻防

小林瑠音 著
3,850 円

芸術文化の価値とは何か
個人や社会にもたらす変化とその評価

G・クロシック、P・カジンスカ 著 中村美亜 訳
3,850 円

祝祭芸術
再生と創造のアートプロジェクト

加藤種男 著
3,960 円

社会化するアート／アート化する社会
社会と文化芸術の共進化

小松田儀貞 著
3,520 円

みんなの文化政策講義
文化的コモンズをつくるために

藤野一夫 著
2,970 円

ソーシャルアートラボ
地域と社会をひらく　SAL BOOKS ①

九州大学ソーシャルアートラボ 編
2,750 円

アートマネジメントと社会包摂
アートの現場を社会にひらく　SAL BOOKS ②

九州大学ソーシャルアートラボ 編
2,970 円

文化事業の評価ハンドブック
新たな価値を社会にひらく　SAL BOOKS ③

文化庁×九州大学 共同研究チーム 編
2,750 円

学芸員がミュージアムを変える！
公共文化施設の地域力

今村信隆・佐々木亨 編
2,750 円

芸術祭と地域づくり［改訂版］
“祭り”の受容から自発・協働による固有資源化へ

吉田隆之 編
2,970 円

障害者と表現活動
自己肯定と承認の場をはぐくむ

川井田祥子 著
2,420 円

アートプロジェクト
芸術と共創する社会

熊倉純子 監修 菊地拓児・長津結一郎 編
3,520 円

アートプロジェクトのピアレビュー
対話と支え合いの評価手法

熊倉純子 監修・編著 槇原彩 編著
1,760 円

全国の書店でお買い求めください。価格はすべて税込（10%）